# 京料理

# 「仕出し」教本

京都魚菜鮓商協同組合　著

旭屋出版

# はじめに

仕出しという食の形態は、京都の食の一翼をなす独自の伝統と文化を築いています。しかし従来の仕出し屋は、お得意先への配達を中心としていましたので、その仕事内容を全国に発信する機会は多くはありませんでした。そうした状況下、料理、調理技術、歴史、文化と、仕出しの仕事を詳しく紹介した本を上梓できたことは、喜びに耐えません。

京都魚菜鮓商協同組合は、２０１２年に85周年を迎えました。前身は第二次大戦の統制時代に、食材の共同購入のために設立されました。そして１９９１年に青年会ができ、青年会の20周年を機に仕出しの仕事を広く読者の皆様に知っていただこうと、この本を企画しました。

社会や生活の変化にともない、お客様は大きく変わりました。お客様の求めるものに対して形は変えて対応していかなければならなりませんが、同時に大切なことが忘れられつつあるのも事実です。

仕出しの仕事では、新しいことに取り組みながらも、古くからのしきたりを知り、決まり事を守る。そうしたメリハリが、ますます大事になってくると思います。また新たなお客様のために、仕出し屋の側から「こういう行事にはこの料理」とお勧めすることも必要になるでしょう。日本に四季があるのと同じで、仕出しの料理も季節や行事に合わせた内容のものがある、そうしたことを発信していきたいものです。

料理の本に限らず、自由な発想、斬新な試みをがとかく重宝されがちな時代ですが、古くからのしきたりをはじめとして、残すべきものは大切に残していく必要もあると考えています。

その意味で、本書は新しい試みも入れながら、伝統的な仕事も丁寧に紹介してあります。新たに仕出しの魅力を知っていただき、また仕出しの仕事に取り組むかたの、これからの勉強のお役に立てば幸いです。

京都魚菜鮓商協同組合
理事長　井山修一

# 京料理「仕出し」教本　目次

撮影／根岸亮輔、川井裕一郎、丸谷達也
装丁、デザイン／小森秀樹

# 京料理の仕出しとは

# 仕出しの歴史と基本知識

## 歴史と文化を反映した、多層構造の中の「仕出し」

京都は8世紀末に平安京が置かれて以来、平安、室町、安土桃山…と時代を重ねて19世紀半ばまで、およそ千年以上もの長きにわたり、政治・経済・文化の中心都市として繁栄してきました。その間、天皇家を筆頭に、公家、大寺院の僧侶、武士、大商人といった歴史の表舞台に立つ階層の人たちはもちろんのこと、町なかで小さな商店を営む人や、生活用品を作る職人、郊外で畑を耕す人など、さまざまな階層の人たちが京の都で生活してきました。

こうした多層構造の社会が、長い歴史の中で、商人の町といわれた大坂（大阪）とも、武家社会の江戸（東京）とも違う、京都ならではのさまざまな文化を生み出し、育んできました。

その代表が食文化で、京都独自の「仕出し」も、その一翼を担う重要なジャンルの一つです。

ひとくちに「仕出し」といっても、実は内容は多彩です。例えば、お公家さん向けの有職料理、お寺向けの精進料理、お茶事向けの懐石料理、町家向けの会席料理と大きく4つに分かれており、料理内容にはそれぞれ特徴があります。仕出しにおいても、歴史と文化を反映して多層構造となっているのが、他の地域にない京都の特色といえるでしょう。

そこで、まず京都における「仕出し」について、歴史的な成り立ちや仕事の内容を解説してみましょう。

## 「固定客への配達だけ」が、古くからの町家の仕出し店

「仕出し」という言葉からすぐに連想されるのは、一般的には仏事における配達料理、もしくはすし店の折詰などではないでしょうか。確かに京都以外の地域では、今日ではそうした需要が大半を占めるようです。ところが京都で「仕出し」とは、前述のように有職料理もあれば精進料理あり、懐石料理あり、会席料理ありとひじょうに多彩です。

料理屋がお得意さんだけに仕出しをすることもありますが、基本的に京都では料理屋と仕出し屋とは別々の商売と考えられてきました。つまり「仕出し」を専門とする職業があるのです。

京都における町家向けの仕出し屋は、その多くは魚屋、八百屋、乾物屋から展開していったといわれています。その名残りは店名にも見られ、魚屋から出発した店は店名に「魚」が、八百屋から出発した店は店名に「矢尾」がついているといわれています。

それらの店では、朝、仕入れを終えた素材をお得意先まで持って御用聞きに行き、例えば魚なら「お造りで」「焼き物にして」など調理法をうかがい、それを調理して届けていました。注文を受けるのは御用聞きに行ける範囲。お客は１００％固定客でした。

固定客だけ・配達だけという商売をしていましたから、店にはお客を迎えるための特別な飲食空間はなく、普通の町家と変わりません。看板さえ出していない所もありました。看板を出している所でも、「何屋」とは書いていませんでした。

また、固定客１００％の世界ですから、修業をした人が暖簾分けで独立する際は、修業先から一里は離れないと店は出せない、という暗黙の了解があったといいます。

## 好況時、仕出し屋は〝呉服店の厨房〟にも

京都市内には、西陣など和装織物の生産地があるように、古くから繊維産業が盛んで、今でも呉服店が数多くあります。仕出し屋は、そうした店をお得意先としているところがたくさんありました。

呉服店では、家族の食事の中でも旦那さんには一品料理が加わります。その一品料理を仕出し屋に注文していました。また呉服店では月初めにセールスを行っており、そのお客用にと月初めには仕出し屋に料理の注文がたくさん入りました。このため昭和30年代の好景気の頃は、仕出し屋は〝呉服店の厨房〟のようなものだったといわれていたほどです。

仕出し屋の、お得意先だけ・配達だけという商売は、それが成り立つ時代が背景としてあったからでした。今からまだほんの40年ほど前（１９７０年代）の話です。

しかし繊維不況の時代となり、お得意先が激

減すると、1階の厨房を残して2階に客席を構え、店でも食べられるようにする店が増えました。それまでのお得意先は大切にしながらも、観光客を含めた新しいお客様にも対応する、お店でも食べてもらう、という料理屋のスタイルを取り入れる店が多くなってきました。

## 料理の配達だけでなく、お銚子、栓抜き、灰皿…も

店のスタイルは変わっても、「仕出し」の仕事自体に変化はありません。できた料理を注文先まで配達するか、相手先に行って調理する出張料理のどちらかになります。

仕出し料理は、冷めて美味しいのが特徴です。これは、作ったあと時間が経ってから食べることを計算して味つけの工夫をするからです。どのような料理が求められているかは、仕出しに関わる行事の内容にもよりますが、会席料理より、今日では手軽な弁当の方が人気を集めています。

なお、今では弁当というと松花堂弁当が中心ですが、この弁当は元々は大阪の料理店が始めたもので、普及したのは戦後のこと。昔は弁当といえば半月弁当でした。ただし一部を除いて、今はほとんどなくなっています。これは、盛りつけにくいことと、松花堂弁当のように作業分担ができないことが原因で廃《すた》れたのではないかといわれています。

弁当や折詰となると、店で作って先方に配達するのが基本です。しかし料理の配達だけではありません。グラス、コップ、お銚子、盃、お膳、栓抜き、ビールの袴、灰皿…などなどまで貸し出しすることもあります。これらは貸切りの会場でもまとまった数を揃えられないことがあるからです。個人宅となるとなおさらです。そこで仕出し屋が頼りにされます。ちょっとしたことですが、こうした対応ができるのも専門職だからこそできることといえるでしょう。

出張料理は、茶懐石で多くある仕事です。茶懐石では、本来はその場の亭主がもてなす料理を仕出し店が行う、という形になります。そこで現地でご飯を炊いたり焼物を焼いたりすることもあるのです。特に京都には大きな庭を持つ家もありますので、野点のときは、焼き台を持って行って炭をおこして焼いたりします。

## 注文先にお届けするまでが、仕出しの仕事の一般的な流れ

次に、一般的な仕出しの流れについて説明しましょう。町家の場合とお寺の場合とでは規模も様子も異なりますので、別々に紹介します。まず町家から。

注文は、先方からの電話か、お得意先に御用聞きに行って受けます。古くからの固定客によっては、美味しいものが入ったら必ず持ってきてほしいという人もいますので、御用聞きを欠かさない店は今日でも多いものです。

注文の料理を作ったら、先方に配達します。昔は配達先では、どこの家でも、奥さんかお手伝いの女性が汁を温め、椀に張ってもてなしていました。しかし今日では、それを嫌がるところが増えましたので、簡単に扱えるようだし鍋などに吸物の汁を入れて持って行き、「これで温めてお椀に張ってください」と申し上げて帰ります。

ただし注文によっては、鍋釜を持ち込んで、相手方の厨房（台所）を使わせていただくこともあります。こうしたことも、仕出しならではの仕事です。ただし本格的な調理をするわけではありません。吸物の汁を温める程度です。最近ではオール電化が普及し、鍋が使えないこともありますので、必ず確認してから道具を持ち込みます。

仕出しは基本的には料理の配達までなので、配膳に関しては先方にお任せします。お膳の場合1膳だけ見本を作り、「このようにお出し下さい」とお願いします。ただし法事のように規模が大きくなるときは、配膳まで引き受けることもあります。

後は、頃合を見て食器の引き上げに行きますが、電話で引き上げ時間を指定する家庭もあります。

## 規模もスピードも桁違いに違う、お寺の行事の仕出し

お寺の行事用の仕出しは、毎年行われる開山忌《かいざんき》、お寺を建て直しした際の落慶法要《らっけいほうよう》や住職が新しい人に代わる晋山法要《しんざんほうよう》など、何十年かに一度の行事にも対応します。何百年も続く伝統ある行事では、そのための献立、特注の食材まであるほどです。

お寺の場合は、修行僧のための厨房がありますので、そこを使わせていただいたりもします。その場合、元の状態で戻すのが基本の心構えです。

折詰は持って行くだけで済みますが、数が桁違いに多く、500個、600個が当たり前になります。

お寺での法事でお膳を出す場合、配膳が必要になります。以前は、お寺のかたが手伝ってくれることが多かったので、町家の場合と同じようにお膳を持って行って並べ方の見本を1膳作って配膳をお願いしていました。

　今日では仕出し屋が、配膳から片付けまで行うことが増えています。その場合、東京では配膳費はお客の負担が定着していますが、京都では店側が負担することが慣習となっています。

　配膳係は、お抱えのこともあれば派遣業者に頼むこともあります。男性の場合は「男衆《おとこし》」といい、女性の場合は「雇女《やとな》」と呼ばれます。白衣は調理場の作業着なので、最近では作務衣を着て配膳を行ったりします。

　お寺の場合、一番座（招待のお客や偉い僧侶のかた）、二番座（檀家の人たち）、三番座（お手伝いの人たち）と、同じ料理を3回に分けて出すこともありますので配膳作業も大変です。しかも、お寺の料理はひじょうに早いのが特徴です。めでたい席では、料理がすぐに出ないとお叱りを受けます。お経が終わって席に着いたら、すぐに食事ができるよう頃合を計ります。お膳を出したら、すぐに汁を出し、その次の料理を出し…と、ものの30分程度で終わることも珍しくなく、ひじょうに忙しい配膳となります。

　さらに、席順は明確に決まっていますので、どこから出すか、上座と下座はどこか、などは必ず確認する必要があります。人数が多く、本席と別席に分かれて行われることもあるので間違えると大変です。

　また、伝統ある大寺院では掛け軸、襖や畳など、元通りに直せない国宝級のものがあります。そこで、細心の注意が必要とされます。

## 仕出し料理で、ひじょうに重要な「決まり事」

　仕出し料理は冠婚葬祭によく用いられますので、禁忌《タブー》をよく心得ておく必要があります。

特に京都では、古くから守られてきたしきたりを重視するかたが多いので、これは大切に守り後の世代にも伝えて行きたいものです。

その禁忌とは、例えば、仏事に「めでたい」料理を入れる、慶事に「縁起の悪い」料理を入れる、といったことです。

具体例をあげますと、仏事では海老を入れる際、目から先を切って使うようにします。目があると「めでたい」という理由からです。しかし厳しい人では、そもそも仏事に海老を使うこと自体が駄目という人もいます。

また水無月豆腐も、小豆が入っていて「めでたい」料理だから仏事には使わないという人もいます。

逆に「めでたい」席の料理には、人参などで作る「紅葉」などの飾り細工は入れません。紅葉は「散る」につながるというのがその理由です。それ以外にも婚礼の料理には、散るにつながる飾りつけはしません。

また、鮎はおめでたい席には使わない、という地域もあります。これは、鮎が年魚（寿命が1年限りの魚）のため、「1年限りでめでたさが切れる」ことにつながるから、縁起が悪いということになるそうです。

冠婚葬祭ではありませんが、祇園祭にきゅうりを使わないのは有名です。これは祇園社の紋が、きゅうりに似ているから、その期間はきゅうりを切ったりしてはいけない、というものです。

仕出し料理は、日常使い以外に、冠婚葬祭を含むさまざまな行事の折に利用されるものです。そこで仕出し屋では、お得意先の好みや今のお客様の嗜好を知るだけでなく、慶事や仏事の決まり事、しきたりなどの知識も必要になります。こうしたことは、料理店にはない奥の深い仕事と言えるでしょう。

## お寺の仕出し料理では、宗派による決まり事も

お寺の仕出し料理で特徴的なのは野菜の調理です。通常は一度茹でてから調理しますが、お寺ではそのまま茹でずに調理します。これは素材そのものの味を食べるという決まりごとのためです。

例えば大根は下茹ではしません。味が入るか入らないかという問題ではなく、前述のように素材の味を食べるのが目的だからです。

檀家さんが送ってきた素材を使うこともあります。これは桁違いの量が届くことがありますので、最初に相談してメニューに組み込むようにします。お寺によっては、先代の何回忌に先代の好きだった料理を出してほしい、嫌いだったものは出さないでほしい、といった要望もあります。

またお寺によっては、宗派による決まりごとがあります。例えば「この器にはこの料理を入れる」といったことです。前述のように、お寺の仕事は規模が大きくお客様も多いので、なおのこと失敗は許されません。そこで懇意に出入させていただいているお寺でも、注文を受けたときは必ず打ち合わせをして先方の意向を聞き入れるといったきめ細かな対応をすることが大切になります。

# 儀式・儀礼とともに発展してきた「仕出し」の文化

岩上　力

## ●京料理の歴史と料理屋の発達

京料理の歴史は平安時代までさかのぼることができますが、それらは一部上流階級の料理であって、現代につながる京料理は、室町時代に成立しました。室町時代の頃に書かれた、宮中の年中行事を記録した資料には、さまざまな料理が紹介されています。つまり私たちがイメージする京料理には、少なくとも５００年の歴史があるのです。

室町時代は京料理だけでなく、畳が部屋に敷き詰められ、床の間を設けるようになり、生花をはじめとして茶の湯や礼法、芸能などの文化が生まれた時代で、まさに今日の日本文化の基礎が完成した時代でした。

こうした長い歴史の中にあって料理屋が発達するのは、室町時代から歴史を２００年ほど経た江戸中期・元禄の頃です。戦国の世から引き継ぎ人心の荒廃した時代から、世の中がようやく落ち着き、経済が発達してからです。

人々の暮らしも少しずつ豊かになり、芝居小屋ができたり庶民が花見を楽しむようになったりします。お伊勢参りがブームになるのも元禄の頃からです。社寺の門前には門前茶屋と呼ばれる茶屋ができ、お茶とお菓子、さらに料理も出されるようになります。こうして料理屋が発達しました。やがて、弁当などを戸外に持ち出して楽しむようにもなりました。「仕出し」の登場です。

## Q では仕出しが始まったのは、いつ頃なのか。

江戸・元禄以降と思われます。なぜはっきりと年代を断定できないかというと、仕出しに関する古い時代の文献は、私の知るかぎりほとんど残っていないからです。お客が料理をお店に注文し、私宅などをはじめとした店外で楽しむ「仕出し」という飲食の様式は、一般庶民の世界から始まったと考えられます。

市井の人たちが自然発生的に始めたものは、往々にして文献は残っていないものです。例えば、京都を代表する行事の一つ、大文字の送り火も、誰がいつ始めたか、といった確かな文献はありません。これも庶民が自然発生的に始めた行事だからなのです。

しかし文献がないとはいえ、料理屋が登場したのが元禄の頃ですから、仕出しの利用が始まったのも、その頃と考えて、間違いないでしょう。

## ●会食・共食の文化

次に、仕出しという食文化が、どのような生活習慣の中から生まれたのかを考えてみましょう。

人々が集まって料理を食べ合うことを「会食」「共食」といい、特に神との共食のことは「直会（なおらい）」と言います。直会とは、神事の終わりに、参加者一同が会して神に捧げたお供え物を頂く行為のことです。神が食べた物を人が頂くことで、神との結びつきがよりいっそう強くなることを願って行われたもので、古くから祭りの後に行われてきました。

人間同士の場合も同じ考え方で、「会食」「共食」には、その前提としてお互いの結びつきを強めようとする意識がありました。

昔の人々が最も大切にしたのは、親類縁者間の結びつきでした。そこで、何か事あるたびに親族縁者が集まり、お膳を囲んで「会食」「共食」することでコミュニケー

ションをとり、一族であることを認識し合い、結びつきを強めてきたのです。

その代表的な機会としてあげられるのが、慶事（よろこびごと）としての結納儀礼や結婚式。そして年忌法事といった、人生の通過儀礼の場でした。その折々にお茶、お菓子に料理が饗食され、共食することで、それぞれの考えも共有できるのです。儀式の際に集まって食事をするのは、一族の感性の確認の場でもありました。こうしたことが、日本人の心を育む大事な文化なのです。

今と違い、昔の一般庶民の生活は食事もたいへん質素なものでした。したがって、外に料理を注文するなど、そうそう利用できるものではありません。しかしその反面、親戚一同が揃う「ハレの日」には仕出し料理を注文して、きちんとした料理を食べ合うという意識があったのです。

このように、食事と儀式は密接な関係にあります。そんな心を大切にするところから、暮しの中に仕出しの文化が発達したといえるのです。

## Q　同じ関西なのに、なぜ京都にだけ仕出しが残っているのか

今日、仕出しが盛んといわれるのは、京都です。同じ関西文化圏でも、なぜ大阪・兵庫などには少なく、京都にだけ盛んなのかという疑問が残ります。仕出しは、京都びとに固有の感性ともいうべき食文化があったのではないか、と思われます。

前述のように「共食」を大切にするという意識があった頃は、日本全国どこにでも仕出しを支える文化はあったはずです。ところが現在、実際に仕出しが盛んなのは京都です。

## Q　それはなぜなのか。

多くの地域では、時代とともに他の地域から入ってきた新しい文化に門戸を開き、受け入れてきました。しかしそれは、古いしきたりや作法が廃れていく一因でもあ

りました。その一方で、京都ではそれが比較的少なかったといえます。儀礼、しきたりがあるから、それに付随する仕出しの習慣も料理も一緒に残ってきたのです。

一例として、結納は今も日本全国にありますが、結婚に際して「家族書」「親族書」を交換し合う儀礼が根強く残っているのは、京都と滋賀くらいのものです。余談ですが、こうした習わしがなくなってから、儀礼時での席順のもめ事が多くなりました。

また、今はあまり言われなくなりましたが、「もらい受け」も、重要視された儀礼です。これはお婿さん側がお嫁さんの家に出向き「お嬢さんをください」と挨拶に行くことで、日本国中にありました。

最近ではレストランなどで会食をして済ませることが多いようですが、「もらい受け」は自宅に行かないと意味がありません。お婿さん側にとっては、お嫁さんの家庭の感性を知るための場であったからです。家の床の間を見て、結納品について熟慮する機会でもありました。京の町屋（家）は、結納や法事などの儀礼を家で行うことを前提につくられていますから、床の間やお佛壇の位置は非常に大事でした。

逆に、お嫁さんの側にとっては、お婿さん側の家の感性を知る機会でもありました。手土産にしたものが「包む」につながるお饅頭などならいいが、羊羹やカステラなどは「（縁が）切れる」につながるため、相手の儀礼についての思いを知ることもできたのです。

儀礼を通じて、新しく親族になる家庭同士がお互いの感性を感じ取り、そこから付き合い方を決める。それが都に住む人たちの交流の仕方でした。

儀礼の場では、仕出し店に料理などを注文しておもてなしをしました。京都といえば「おもてなし」の文化で知られますが、こうした機会は「会食」「共食」することによって異なる家庭同士のきずなを深めようという意識がありました。

## ●儀礼と料理

結納や結婚式などの場においては、人ではなく「儀礼」そのものが主人公です。そこで振舞われるおもてなしの料理は、プロの仕出し店に注文しました。

料理をプロに注文するには、いくつかの理由があります。

腕自慢の人の中には、家庭の味でおもてなしをしようと考える人もいるかもしれませんが、家庭料理では大事な「儀礼」が疎かになりがちです。料理を離れて、主人公である儀礼に集中することが大事。そのためにも料理はプロに任せる。これが儀礼に際して仕出し店にプロの料理を注文する第一の理由です。

もう一つ理由があります。人によっては、出された料理が口に合わないことがどうしてもあります。しかし、せっかく腕をふるって出された家庭料理を「口に合わない」と残しては、失礼に当ると考えてしまうものです。ところが、プロの料理では口に合わなかったと残すことが許されます。

このように料理を残せるという利点は、その後、逆に「一品をあえて残す」という文化に発展もしていきます。一品残すことで「お腹一杯」を表すようにもなりました。また全部食べてしまったときは、「美味しいので全部食べてしまいました」と言い、相手のもてなしに対するさらなる感謝の気持ちを表す意味になりました。

折詰の誕生も、一品残した料理をいただいて帰る、家で待っている人にお土産として持ち帰るようになって生まれました。儀礼の場にプロの仕出し料理を使うという意味合いは、さまざまな習わしごとを発展させることになったのです。

## ●仕出しの今後

古くからのしきたり・儀式・儀礼を守ってきた京都も、時代の波に洗われるようになり、近年、仕出しの文化が転換点にさしかかっています。

西洋建築が持ち込まれ、床の間やお佛壇の位置を気にしなくなりました。このた

め家で行われてきた結納、婚礼や、佛事が家の外で行われるようになりました。

また「送り膳」の文化が少なくなってきています。「送り膳」は、「僧侶と共にお膳を囲む」のが本来の意味で、それができないことが多いため、お寺にお膳を持って行くというものでした。ところが斎場の出現とともにその意味が理解されず、「送り膳」の文化も無くなって来ています。

生活が変化することによって、古くから続いてきたしきたり・儀礼の場が無くなり、それとともにあった仕出しの機会も失われてきているのも事実です。

例えば婚礼の儀式では、京都には婚礼の三種肴として、巻きするめ、結び昆布、数の子があり、吸物にははまぐり潮汁とひれ吸物、最後にのし餅が出されます。こうした献立も、現代の味覚に合わない、人気がない、といった理由で出さないところもあるようです。

しかし、「駄目だから止めよう」では、次の世代に継承しなくなります。一般に、儀礼は15年断絶してしまうと、以後は継承できないと言われています。意味が分かっていても、実行しないと意味がありません。逆に意味が分からなくても、とりあえずやっていくことが大切です。

そこでこれからは、仕出し店の側から、料理や儀礼の大切さ・意義などを積極的に伝えることも重要になってくるでしょう。今は行われなくなった儀礼も、伝えてさえいれば何かのきっかけで再注目されるようになるかもしれません。特に慶事の儀礼は、みんなが「思い出づくり」と感じてもらえる提案を持ちかければ、多くの人が関心を持ってもらえるでしょう。そのために仕出し店の側から、儀礼の場の意義を気付いていただくような取り組みも、これからは大切になってくると思います。

最初にも述べましたが、仕出しは市井の人の暮らしの中から生まれ、しきたり・儀礼とともに育った食文化です。暮らしの文化は、暮らしの中で残していくことが重要なのです。

**プロフィール**

1947年、京都・宇治生まれ。劇団新国劇に在団中から作法の研究を始める。1983年、儀式作法研究会を設立し、各方面にて儀式作法教室の講師を務める。作法コメンテイテーターとして、テレビ・ラジオに出演。現在、NHK京都文化センター専任講師、京都商工会議所　京都検定講習会講師。主な著書に『京の儀式作法書』『京のあたりまえ』『京の宝づくし・縁起物』『京のならわし冠婚葬祭贈礼法Q&A』(以上、光村推古書院)、近著『なぜ招き猫はネコではくてはならないのか？』(ワニブックス　プラス新書)がある。

# 行楽と弁当箱

季節のお祭りに加え、春は桜の花見、夏は夕涼み、秋は紅葉狩りと、京都は古くから行楽の機会が多く、外に料理を持ち出して景色とともに食事を楽しむことが多い町です。特に夏場の暑さが厳しい頃は、夕涼みをするのが人々の楽しみの一つでした。

生活にゆとりのある大商人、お公家さんや武家の人々が、桜の花見や川遊びを楽しんだ様子が昔の絵画などに描かれています。こうした機会も、仕出し屋が活躍する場の一つでした。

行楽の場では、場所をとって幔幕を張り巡らし、緋毛氈を敷いて豪奢な宴会を行います。その時に食べる料理は、仕出屋へ弁当箱を持って行って詰めてもらっていました。味の好みや献立の好みをよく知っている、出入りの仕出屋に頼むのです。

そのときに用いる弁当箱は、今のような小さな「箱」ではありません。肴と酒をセットにして持ち出すことができる小型の「棚」のような形で、その引き出しは1人分ずつの酒肴が盛りつけられた容器になっています。

豪華な漆塗りや蒔絵のものもあります。こうした「弁当箱」は、雪深い能登や輪島で作られました。農作業に出られない長い冬の間を利用し、とにかく趣向を凝らしたものが作られました。夏は籐で編んだもの、冬は鍋専用の箱、俳句などの句会用の道具に見立てて意外性を楽しませる弁当箱など、趣向が楽しいものほど好まれもしました。

こうした弁当箱に詰められるのは、やはり当時の庶民では口にできない贅を極めた献立が並んだことでしょう。

# 四季の仕出し料理

会席料理
弁当
一品料理

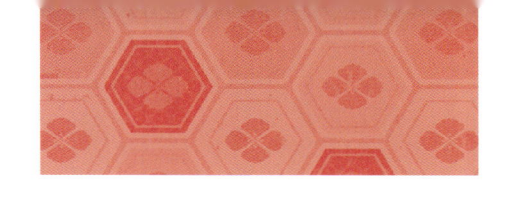

# 春の会席料理

「都をどり」が始まると、京都は春を迎えます。祇園にある甲部歌舞練場で行われるこの公演に加え、お寺や神社、公園などでは桜が咲き始め、花見の観光客など人出も多くなります。

寒い冬を越して華やぐ春は、新年度を迎えて新しい人の出会いも多い時季。大切なかたをお迎えするための料理の注文で、仕出し屋も忙しくなります。

新芽が萌え出す春先は、まだ時折寒い日もあり、時節柄汗をかかないせいか、あまり酸味のあるものは好まれません。そこで仕出し屋では、お客様の好みをうかがった上で献立や味つけに反映させるようにしています。一品当たりのボリュームはとらずに、可愛らしく盛りつけ、春らしさを出します。

ここでは、最初にお茶屋向けの料理、次に町家向けの料理の一例を紹介します。ちなみにお茶屋では、できたてをお出しするために、お茶屋から近い所の仕出し屋に注文をすることが多いようです。

お茶屋向けの点心。花見団子、桜花百合根や桜寿司など、花見のシーズンにちなんだ料理のほか、木の芽味噌を使った田楽、白魚、飯蛸、一寸豆など、春ならではの食材を食べやすく四方皿に盛り込んだ。

向付は、春が旬の明石の鯛を昆布締めにし、紋甲いかを使った蕨いか、赤貝と共に盛り合わせた。煮物椀、焼物、強肴まで、春が旬の食材を全てにわたって用い、春の京都を楽しませる。

## 献立

【点心】
本諸子甘露煮 花見団子
桜花百合根 粟麩木の芽味噌田楽 白魚空揚げ 飯蛸柔煮 一寸豆 車海老黄身寿司
桜寿司（鯛・鱒）

【向付】
明石鯛昆布締め
紋甲烏賊蕨 赤貝

【煮物椀】
海老進丈 蕨 つる菜
桜花人参 桜花塩漬 木の芽

【焼魚】
桜鱒木の芽焼き 花蓮根
はじかみ生姜

【強肴】
菜種利休和え 長芋蝶々

## 献立

【八寸】
蛍烏賊ぽん酢ゼリー掛け
飯蛸煮
諸子南蛮漬
甘鯛と大葉の巻き揚げ
鴨ロース 木の芽和え
鰻八幡巻
桜鯛の寿司桜葉包み

【お造り】
鯛
鮪
車海老
大葉　大根　穂じそ　莫大海

【蒸物】
桜蒸し

【焼物】
本鱒木の芽焼き　あしらい

【吸物】
油目の若竹

町家向けの春の会席料理。八寸は、春を感じさせる食材を盛り合わせた。蛍烏賊ぽん酢ゼリー掛けは、飯蛸と八方地につけたうるいを庖丁し、ゼリーに固めたぽん酢を包丁で叩き上にかけたもの。飯蛸煮は、足と頭別々に煮含める。諸子南蛮漬は、素焼きした諸子を高温の油で揚げて油抜きし、素早く南蛮地に漬ける。

吸物の油目の若竹。あぶらめ（関東ではあいなめと呼ばれる）の真っ白な身が美しい、春の椀盛。薄葛をしたあぶらめは、昆布だしで火を通し、温かい吸地をはる。薄地をつけた筍とわかめを添え、天に木の芽をのせる。

手前の本鱒木の芽焼きは、ひと塩をした塩焼き。あしらいは蕗のとうの薄衣揚げに田楽味噌をのせたものとはじかみ。奥はだしと酒で温めた道明寺を小さ目の俵にし、煮穴子を挟み甘鯛と桜葉で包んだもの。露生姜を絞った銀あんをはる。地漬けのわらびをあしらう。

# 春の弁当

## 献立

【八寸】筍寿司　木の芽和え
諸子甘露煮　飯蛸旨煮　蕨烏賊
筍田楽　一寸豆含め煮

【向付】鯛昆布締め姫皮和え　あしらい

【油物】筍天ぷら　筍小原木揚げ
たらの芽

【炊き合わせ】若竹煮　助子含め煮　蕗　桜麩
木の芽

【椀物】筍姫皮眞丈　若芽　菜の花
どんこ椎茸　木の芽

【飯】筍ご飯

底冷えのする冬の京都も、４月に入ると気温は緩みはじめ、そろそろ桜の便りが待ち遠しい頃になります。

神社や寺院、それに公園など、いたるところに桜の名所がある京都は、春は絶好の花見シーズン。天気のいい日は、戸外に持ち出して食べられるお弁当が、楽しみな時季といえるでしょう。仕出し屋にも、お弁当の注文がたくさん入る時季になります。

ところで、春を代表する食材といえば、魚なら鯛、そして野菜なら山菜類です。特に春の京都は、京筍のシーズンとなります。京都は良質の筍を産しますので、春になると仕出し屋だけではなく料理店をはじめとする多くの飲食店が、献立の一つに筍を入れるようになります。

独特な育て方をする京筍。中でも、日の出前に土の中から掘り出す朝掘りは「白子」といい、珍重されています。真っ白でエグみが少なく、甘みと独特の柔らかさがあるのが特徴で、今までに食べた筍と食べ比べて、その明らかな違いに驚かれるかたも多いものです。このため、京筍は贈答用にもされているほどです。

上質の筍が毎年身近に手に入ることから、地元で京料理に携わる調理師の人たちは、春になると、その持ち味を活かして舌の肥えたお客様を楽しませるために、さまざまな工夫を凝らします。こうして、京都ならではの筍料理が生み出されてきました。

そこで春を彩る弁当としてあげたいのが、京筍を使った筍尽くしの弁当です。掘りたての筍を、その甘みと色合いを活かし、取肴から油物、炊き合わせ、ご飯、汁物にし、手軽に楽しめる弁当箱に盛り込みました。

朝、店に届いた筍は、店ですぐに下茹でをします。火が通ったらそのまま鍋で冷まし、さまざまな料理に使います。たとえばひじょうに鮮度の良いものなら、スライスしてお造りに。煮物には筍の白さを活かして薄味に炊き、あるいはすりおろして饅頭や真蒸などの椀だねにもします。和えものには木の芽の色と香りを組み合わせて調理します。筍の新しい味覚を楽しませるお弁当です。

京都の春が楽しめる、京筍尽くし弁当。京筍独特の甘みと柔らかさを活かして、筍のお造り、筍の木の芽和え、筍寿司、筍の天ぷら…とさまざまな料理にして、白木の弁当箱に盛り込んだ。春の味覚が充実した弁当だ。

# 春の一品料理

## 焼き筍

筍の最も贅沢な食べ方が、焼き筍。昔は竹林で筍の周りの土を掘り、ワラを詰め、地下茎につながったままの状態で火を点けて焼き、掘り起こして食べたという話もある。ここでは掘り出したものを皮つきのままたれ焼きにし、柔らかい穂先の部分のみを食べる。

材料

筍(生)
たれ(醤油、みりん、酒、砂糖)
蕗じゃこ

## 筍三色田楽

柔らかく、ひと口で食べられるサイズの京筍を使った田楽三種。下茹でをして皮をむいた京筍に松葉串を打ち、赤玉味噌、白玉味噌、木の芽味噌をのせて炙り、盛り合わせた。甘さを控えめにした三種類の田楽味噌で、京筍の甘さをそれぞれに楽しませる。

材料

筍(下茹でしたもの)
赤玉味噌(赤味噌、卵黄、みりん、砂糖)
白玉味噌(白味噌、卵黄、みりん、砂糖)
木の芽味噌(白玉味噌、木の芽)
木の芽
けしの実

## 筍のすり流し

筍は、根に近い部分ほど硬いが、逆に甘みは強くなる。そこで、京筍の根に近い部分をすりおろし、薄味の吸地でのばし、すり流しにした。上にのせたのは叩いた梅肉で、鮮やかな赤い色と梅の酸味が、視覚的にも味覚的にもすり流しを引き締める。

材料

筍の根に近い部分
（下茹でしたもの）
だし汁
淡口醤油
梅肉

## 筍地がつお煮

仕出し屋や料理屋が多い京都は、かつお節を扱う乾物店が多く上質なかつお節が手に入る。そのかつお節をたっぷりと使った京筍の煮物。かつお節の産地名をとって、土佐煮ともいう。下茹でした筍は、だしで味を煮含めたら、仕上げにかつお節を入れてからめる。

材料

筍(下茹でしたもの)
だし汁
淡口醤油
酒
みりん
かつお節

# 筍
## 京の春を代表する食材

京都の春を代表する味覚の一つ、筍。北海道を除く全国各地で採れ、春になるとその味覚を楽しませる筍ですが、中でも京都で採れる京筍は、日本一と謳《うた》われるほどの品質を誇っています。

その主な産地は、京都市の西に広がる乙訓《おとくに》地区（現在の向日市、長岡京市、大山崎町一帯とその周辺地域）。電車からでも丘陵地一帯に広がる広大な竹林を見て取ることができます。

京筍は朝掘りでも有名です。その中でも特上品の「白子筍」は、色が白く、柔らかくてエグみも少ないのが特徴。春の献立を彩る食材として、仕出し屋や料理屋で用いられています。その京筍は、どのような場所でどのように収穫されるのかを紹介しましょう。

### 上質の筍は、手間をかけた「筍畑」で採れる

筍は、通常、竹林があれば春先に自然に生えてくるもの。しかし京都では、そうして生えてきた筍を取っているのではありません。

質の良い筍を採るためには、いい筍を出す〝親竹〟を決め、それ以外を間引きします。筍の収穫次期は3月～5月ほどの間ですが、その時季のために1年をかけて、筍がのびのびとした環境で育つよう手入れがなされます。

特に乙訓地域では、収穫時期の竹林を歩くと、靴が埋まってしまうような柔らかな土地になっています。これは軟化式栽培法と呼ばれます。柔らかな土づくりをするからこそ、柔らかで味の良い筍が育つのです。通常の農作物が畑の土づくりに手間と時間をかけるように、筍を採る竹林も土づくりに労を惜しみません。京筍が育つのは、自然に任せた竹林ではなく、手入れをした「筍畑」なのです。

では、その筍畑ではどのような作業が行われているのでしょうか。

### 1年かけ、手間を惜しまずに竹林を管理する

前述のように、筍は早掘りのもので3月頃から、最盛期は4月から5月の間です。

筍を掘った後の穴には、竹への〝お礼〟の意味を込めて肥料を入れ、親竹が必要以上に成長しないよう「芯留め」という作業を行います。これは竹を両手で持って揺すり、竹の先端を折る作業です。

6月から夏の間には雑草を抜き、生えてきた細い竹（サバエと呼ばれる）を刈ります。この作業をしないと、サバエが土地の養分を吸ってしまうからです。夏場には、竹林一面が竹の落ち葉で埋め尽くされる中、さらに肥料を入れます。

お彼岸の頃になると親竹を決め、それ以外の6～7年生の竹は根元からノコギリで切って間引きします。間引きをすることで、竹林には太陽の日差しが充分に差し込むようになり、寒さに耐えられる地温が確保されるようになります。

本格的な秋になると、長いままの稲ワラを竹林一面に敷き詰めます。この作業は乙訓地区の特徴です。ワラを敷くことによって、土の温度・湿度を保ち、土が固く締まってしまうのを防ぐのです。

11月頃には、ワラの上に土を敷きます。これは「土入れ」と呼ばれています。この土入れ作業では、竹林内の小高くなった所の土を削り取り、低い部分にかぶせるようにします。土地の土は長年にわたって手入れを施され、養分が豊富なので、無駄にすることなく使われます。こうして筍の生長を待ち、再び翌年の3月頃から掘り始めるのです。

筍掘りは1ヵ月半～2ヶ月の間だけですが、その期間のために残りの月日をかけて竹林は丹精を込めて手入れがなされているのです。

## 良質の筍を掘り出すには、熟練の技も必要に

筍は「朝掘り」のものが味がいいといわれます。これは、筍は日に当ると黒くなり、シュウ酸が出てえぐくなるからです。そこで太陽が出る前の朝4時、5時から掘った「朝掘り」が良質とされるのです。

実際に竹林で掘るには、熟練の技が必要です。筍は、地面から顔を出さない、まだ地中にあるものを掘り出すからです。素人目にはほとんど分かりませんが、筍農家の人は、地面に見られるほんのかすかなひび割れを目安に筍を見つけます。

掘るときは、ツルハシを細く長くしたような専用道具の「掘り」を立てて筍の根を起こし、梃《て》子《こ》の原理で地下茎から外します。途中で折らないように掘り出すのが名人技です。掘り出した筍は、日に当たらないよう保管します。

掘りたての筍は、柔らかくえぐみがありませんので、お造りにすることもあります。特に京筍は甘みが強いのことから、煮物にする場合でも、みりんや砂糖などの甘みは加えずに煮ることが多いようです。

# 夏の会席料理

献立

【八寸】
糸瓜 白ずいき三度豆
パプリカのごま和え
鱧寿司
車海老のうるか射込み
鮎一夜干し
うなぎ八幡巻き
蛸の子
栗芋

【お造り】
すずき 鮪 鱧焼霜 青瓜
蓮芋 防風

【煮物】
賀茂なす 石川小芋
小菊南瓜 万願寺唐辛子
車海老金つば煮

【椀盛】
こち葛叩き 枝豆豆腐
つる菜 柚子

四方を山で囲まれ、「冬寒く、夏暑い」京都。そこで古くから、食生活はもちろんのこと、家の間取りから家具のしつらえにいたるまで、夏の暑さをしのぐ工夫の上に京都の生活文化は築き上げられてきました。

古くはお公家さんの夕涼みや川遊びなど、い

ろいろな娯楽が発達したのもその一つです。夏のシーズンに鴨川や貴船などの川岸で見られる納涼床は、今日の京都ならではの夏の風物詩といえるでしょう。

冷蔵・冷房設備の発達した今日では、夏場に食品の保存状態を気にすることは少なくなりましたが、夏の暑さが厳しい京都ですから、冷蔵設備が整っていなかった昔は、仕出し屋では食べるまでに時間がかかる折詰の注文は極力受けず、会席料理や近くへのお弁当の配達だけで商うところがほとんどでした。

夏の会席料理の献立には、梅雨の前頃から出

すずき、鱧といった夏の魚をお造りにして盛り込んだ青瓜が、涼しさを誘う。彩りよく盛った八寸に、こちの身の白さが引き立つ椀盛が、見た目にも食欲を刺激する。炊き合わせにも夏の京野菜を盛り込んだ、夏の会席料理。

回る鱧をはじめ、鮎などの川魚、それに加茂なす、鹿ケ谷かぼちゃ、伏見や鷹が峰、万願寺の唐辛子といった京野菜…などなど、豊富な夏の食材を織り込みます。味覚で、鬱陶しい夏場に食事を楽しませてきました。

さらに、特に夏場は食欲が落ちる季節ですので、調理法に加えて盛りつけや器づかいなど、見た目にも涼やかさを演出します。大切なお客様をおもてなしするなどで仕出しを注文をしていただいたかたに、目でも満足いただくのが、仕出し屋の腕の見せどころです。

ここでは、見た目にも涼しげな夏の会席料理を紹介しましょう。

### 献立

【夏の八寸】

子持ち鮎
一寸豆
燻製サーモン砧巻き
海老黄身寿司
平目と竜皮昆布の博多
いくらみぞれ和え
山桃
春子

ガラスの器を使い、見た目にも涼しげな印象を出した夏の八寸。海老黄身寿司、燻製サーモン砧巻き、いくらみぞれ和えと山桃の赤が夏を感じさせる。食欲が落ちる時季なので、少しずつ盛り込んだ。春子はニジマスの子。

# 夏の弁当

色とりどりの献立を、ひと箱に凝縮させるお弁当。季節感を強調したいときには、あえて同じ食材を違う調理法で何度も楽しませます。

夏場にも、そうしたお弁当は多いもの。夏の京都の食材は、何といっても鱧。鱧を向付から取肴、飯にまで使ったお弁当です。

## 献立

【取肴】だし巻き玉子 酢橘釜（じゅんさい 雲丹 三杯酢）鴨ロース 鱧子柚寄せ 蛸柔らか煮 小芋 太刀魚木の芽田楽 鶏松風 うなぎ八幡巻き 車海老塩蒸し アスパラ 新ごぼう 芋茎 若鮎煮

【向付】鱧焼霜 すずき洗い 剣先烏賊 大根 大葉 つる紫 梅肉

【炊き合わせ】穴子 瓜 なす 赤万願寺唐辛子 おくら ベビーコーン 紅葉麩 柚子

【飯】鱧寿司 小鯵昆布締め寿司 生姜

# 夏の一品料理

## 鮎塩焼き

夏から秋にかけて味がのる鮎。川底の苔を食べて身に香りが出る夏には、別名「香魚」とも呼ばれ親しまれる。関西では琵琶湖の西に注ぐ安曇川（あどがわ）の鮎が有名で、京都の仕出し屋などで用いることが多い。ふり塩をし、余分な脂を落としながら焼き上げる。

材料

鮎
塩

## 鯉こく

鯉の旬は、冬とも夏とも言われるが、5～6月の頃も食べられることが多い。暑い夏場を迎えるにあたり、精をつける意味でも珍重された。京都では嵐山の鯉が半養殖で知られる。最初に酒で煮て、味噌で味つけする。身割れしやすいので、一尾丸ごと煮ることが多い。

材料

鯉
酒
白味噌
里芋
白髪ねぎ
青ねぎ

## あわび水貝

夏が旬のあわびを、見た目にも涼しく楽しませる伝統的な料理。あわびは高級素材なだけに、仕出しでも特別な席のための料理となる。殻から外し、身の硬い部分は取り除いて柔らかな部分を夏野菜とともに冷水に浮かべる。三杯酢で、磯の味わいをさっぱりと楽しむ。

材料

あわび
じゅんさい
プチトマト
オクラ
うど
きゅうり
三杯酢

## たこのお造り

一年中手に入るたこだが、使うのは旬の夏場が中心。明石産に加え、近年では岡山や広島産のものも使われている。お造りでは、薄造りと湯引きにして、食感の違いを楽しませる。さらに、足の吸盤は裏側に火を通すと美味しくなるので、はがして調理し別容器で添えた。

材料

真だこ
花穂じそ
紫芽
みょうが
はす芋
より人参
わさび

## 鱧千枚造り

鱧でお造りというと、落としや焼き鱧にすることが多い中、皮を引き、一目で切り落としてお造りにしたのが鱧千枚造り。小骨が当たらないよう、骨切りをしながら切り落し、身を開いて盛りつける。職人技が目で確かめられる一品だ。醤油または合わせ酢で食べる。

材料

| | |
|---|---|
| 鱧 | もみじおろし |
| 鱧皮 | 醤油 |
| 青ねぎ | 合わせ酢 |
| わさび | |

## 鱧そうめん

おろした鱧をすり身にして二色の魚そうめんにし、寒天とゼラチンを加え冷たく冷して寄せた。少量でも手の込んだ贅沢な鱧料理。料理そのものの冷たさだけでなく、切子の器、料理の白・緑の色彩と透明感が、涼しさを演出する。夏場の酒の肴にぴったりの一品。

材料

| | |
|---|---|
| 鱧 | 白醤油 |
| 山芋 | 酒 |
| 卵白 | 寒天 |
| 浮き粉 | ゼラチン |
| 青寄せ | 雲丹 |
| だし汁 | |

# 鱧のおろし方（骨切り）

京の夏の風物詩の鱧。「一寸に33～34本」ともいわれるほど細かく切れ目を入れる骨切り作業をするのが鱧の調理の特徴で、シャッシャッという骨切りの音が厨房で聞こえると、夏が来たことを感じさせます。皮のぬめりをよく取ることが肝心で、ぬめりを取ることでまな板にぴったりとくっつき、骨切りの際に安定して作業をすることができます。

鱧は、死後硬直していない「つ」の字に曲がる活け締めのものを使う。死後硬直したものは、骨切りでも身が開かず、落としにしてもきれいに花が咲かないためだ。

**01** 鱧は700～800gのものがよく使われる。まず庖丁の刃でしごいて、表面のぬめりをよく取る。

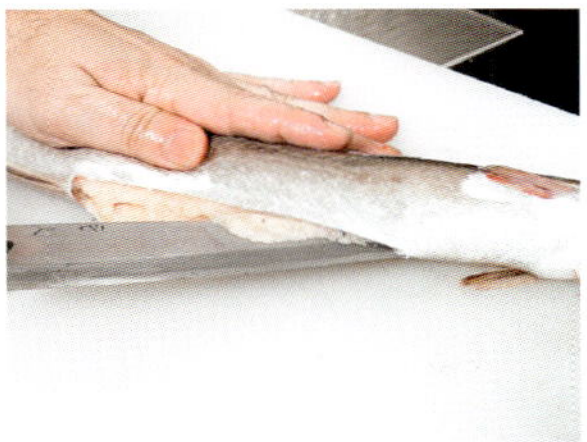

**02** 肛門からアゴの下まで庖丁を入れ、内臓類と浮き袋を取り出す。浮き袋は吸物の実にしたりする。

**03** 中骨に沿って血合いに切れ目を入れ、ササラなどで血をよく流す。血が残っていると生臭くなる。

**04** 中骨には筋がくっついている。おろすとき邪魔になるので、手で引っ張って取る。

**05** 背ビレの端に切れ目を入れて庖丁にひっかけ、引っ張って骨ごと抜き取る。

**06** 胸ビレの後から頭を落としたら、中骨の脇に沿って庖丁を進め、身を開く。

**07** 内臓の入っていた部分は刃を立てて、尾に近い部分は刃を寝かせて庖丁を進める。

**08** 骨の逆側も同様に切れ目を入れ、尾の部分を留めたら、中骨の下に刃を入れて庖丁で持ち上げながら身から切り取る。

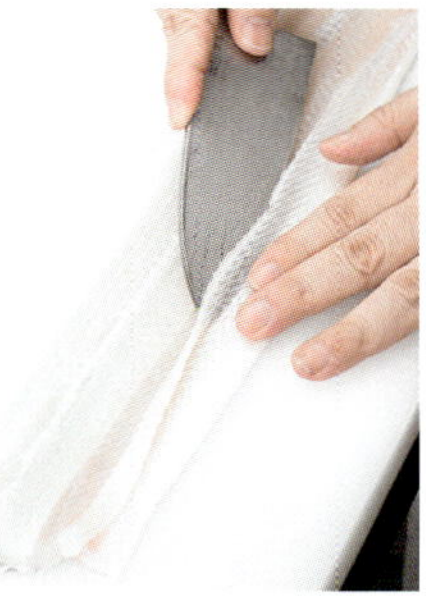

**09** 腹骨をすく。手を添えて、庖丁を這わせるようにする。串を打って調理することが多いので、骨のない部分は身をなるべく取らないようにする。

**10** 庖丁を鱧切りに代え、尾の方を持って身をぶら下げ、刃でぬめりを取る。

**11** まな板に身を密着させ、皮1枚を残して骨切りを行う。骨切りは、一寸に33～34本といわれている。

# 秋の会席料理

献立

【先付】汲み上げ湯葉 コノコ 摺り柚子

【前菜】カマスすし 茸 柿利休麩 白酢和え うなぎ八幡巻き 鶏松風 蓮根タラコ射込み 海老黄身寿司 栗煎餅 銀杏煎餅

【造り】鯛 平目雲丹巻き 鰹 烏賊 赤貝 穂じそ 長芋 紅たで

【椀替り】土瓶蒸し 鱧、海老、松茸、栗麩、水菜

【炊き合わせ】鴨饅頭 湯葉 人参 オクラ 菊花あん

【焼物】さわら味噌漬け杉板焼き 菊花蕪 赤芋レモン煮

【酢の物】柿釜 タイラギ貝 海老 鳥貝 うど きゅうり 若布 柿酢

【蒸物】ぐじ飯蒸し 焼き松茸 菊菜 生姜あん

【ご飯、香の物】

【水物】洋梨 グレープフルーツ 巨峰 ゼリー掛けマンゴーソース

秋の会席料理の一例。先付は、京名物の湯葉で作る温かい一品。前菜には、茸、柿、栗、れんこんや銀杏などを盛り込んで秋らしさを演出する。お造りには、菊花を形取った器で秋の印象を感じさせる。

椀替りには土瓶蒸し。炊き合わせは鴨の饅頭で、菊花あんをかけて香りも楽しませる。焼物はさわらの味噌漬け杉板焼き。脂ののったさわらを味噌漬けのまま杉板に挟んで焼いた。杉の香りと味噌の焦げた香りが食欲を誘う。

9月末に鴨川の川床が終了する頃、京都には本格的な秋が到来します。

近年は夏の暑さが長引き、秋が短いといわれますが、京都はまさに秋の観光シーズン一色。10月は京都三大祭りの一つ「時代祭り」、11月には各地で紅葉狩りが行われ、夜には神社や寺院でライトアップするところもあり、昼も夜も観光客で賑わいます。

食材に目を移すと、落ち鮎や名残の鱧に加え、丹波の松茸や栗、大枝の柿、水菜や壬生菜などの京野菜…など、紹介しきれないほどの秋の食材が次々に登場します。四季折々の味覚が楽しめる京都ですが、旬の素材が豊富な秋は、一年の中でも京料理の醍醐味が味わえる時季ともいえるでしょう。

仕出しの献立内容も、秋からは格別に多彩で彩りも豊か。夏場に比べて日差しは穏やかで風も涼しく、食欲が戻ってくる時季に合わせ、品数も豊富です。特にこの時季は、献立に鱧と松茸の土瓶蒸しを入れることが多いものです。

器づかいにも高級感を備え、配達先の家庭などでも普段とは違う〝ハレ〟の食事を楽しませるのが、京都ならではの仕出しの文化です。47ページまで、趣向を変えた秋の会席料理三例を各ページで紹介しましょう。

酢の物は、京都の柿の産地・大枝の富有柿を使って柿釜にした一品。柿自体の甘みと柿酢の穏やかな酸味が秋を感じさせる。蒸し物は、若狭のぐじを使って飯蒸しにした伝統料理。上に焼いた松茸ものせる。

## 献立

【先付】胡麻豆腐 生うに オクラ わさび 旨だし

【八寸】子持ち鮎甘露煮 蟹松風 車海老黄身寿司
菊蕪 松葉串刺（萩麩、結びきす 雲丹焼き）
あわび旨煮

【向付】ひらめ あわび 鯛イクラ寄せ 中トロ
車海老 あしらい一式

【吸物】土瓶蒸し（鱧、車海老、松茸、水菜、酢橘）

【焼物】杉板焼き　まながつお利休焼き
はじかみ

【炊き合わせ】射込み蕪（小蕪、車海老、しめじ、絹さや、
キクラゲ、百合根）　薄葛仕立て

【強肴】天ぷら（海老、蟹、舞茸、万願寺唐辛子）

【蒸物】茶碗蒸し（フカヒレ、鰻、百合根、柚子、
銀杏）

【ご飯】蒸篭　蒸し寿司（海老、穴子、錦糸玉子、
木の芽）

【煮物椀】赤だし（小巻き湯葉、三つ葉。粉山椒）

【香物】紀ノ川大根 塩昆布　きゅうり糠漬け
柴漬け

【水物】メロン 柿

品数も豊富で、器使いでも高級感を出した秋の会席料理。八寸は縁高の器を使い、〝特別な日〟の食事を演出。子持ち鮎や萩麩など秋の味覚を楽しませる。向付は高さのある湯飲み風の器を使用。中に氷を詰め、その上に魚介を盛り込んだ。

吸物には土瓶蒸しを用意。焼物は秋らしい杉板焼きで、まながつおに合わせて利休焼きにした。炊き合わせは、小蕪に海老やしめじ、絹さやなどを射込んだもの。品数が多いので、それぞれに全体のボリュームを考慮し、最期まで食べきれるよう配慮した。

強肴は、海老、蟹などの天ぷら。蒸し物（右の青い器）の茶碗蒸しには中華食材のフカヒレを加えて個性を出した。ご飯は小型の蒸籠で蒸し寿司を構成。水物まで含め、最期まで豪華な食事を印象づける器づかいが特徴だ。

献立

【八寸】栗イガ 松葉 紅葉麩 銀杏麩 たたみいわし
ししゃも南蛮漬 カマス塩焼 卵黄味噌漬
【向付】鮪 車海老 ヤリ烏賊細造 鰤トロ かわはぎ
【吸物】松茸どびん蒸し 柚子
【煮物】蕪菜 蕪菊花 車海老 松茸
【焼肴】秋刀魚変り焼 カラスミ 卵黄味噌漬
【揚物】ぐじ素揚
柿なます
【酢物】蟹錦糸巻
【にしんそば】
【菓子】

落ち着いた器づかいで、しっとりとした秋の京都の食事を印象づける会席料理。八寸は竹籠を使い、栗イガ、松葉、紅葉麩、銀杏麩なども使い、吹き寄せ風に盛り込んで、鄙びた秋の風景を印象づける一品に仕上げた。

八寸から一転、華やかな器で楽しませる向付。脂がのり始める鰤に、秋が旬のかわはぎも盛り合わせる。吸物の土瓶蒸しには、鱧も海老も入る。向付と共に、酒を楽しませる献立となっている。

煮物椀（写真中央）は、蕪菜、菊花蕪に、海老と松茸を盛り合わせたもの。焼物は、旬の秋刀魚を黄身味噌漬けにして焼いた変わり焼き。揚物は、三枚におろしたぐじを皮を引かずに素揚げにし、ウロコまで楽しませる。

酢物は、蟹の肉を錦糸玉子で巻いた色鮮やかさが目をひく。蟹酢をかけて提供する。食事は京都名物として知られる一品。身欠きにしんを戻して甘露煮にしたものを、温かいそばにのせたにしんそば。

# 秋の弁当

秋の観光・行楽のシーズンは、観光客のかたには手軽な食事用として、また戸外への持ち出し用として、お弁当の仕出しをお勧めしています。

豊富な旬の食材を使い、彩り豊かな献立を、弁当箱に凝縮したのが秋のお弁当です。松花堂弁当のように、お店の席や配達先で落ち着いて楽しめるお弁当もあれば、行楽弁当や折詰のように外で楽しむお弁当もあり、それぞれに役割も献立も違います。

行楽弁当のときには、好きなものや、どこで食べるかなどもうかがい、より楽しい食事の場になるよう献立を考えるのも、仕出し屋の仕事。

折詰では、昔は高価で見栄えのするものを入れましたが、今は各献立を4人分詰めるのが基本。ぎゅっといろいろなものを詰めて、皆でつついて楽しめるようにします。

【取肴】
海老丸　雲丹丸　甘鯛塩焼き
さわら味噌漬け　だし巻き玉子
柚子釜柿なます
【焼物】
海老変わり揚げ　秋なす　蓮根
しめじ　芋　鯛せんべい
【炊き合わせ】
菊花蕪　蕪菜　車海老　海老芋
木の芽南瓜　紅葉麩　銀杏麩
【飯】
栗ご飯
ぶどう

茶事の点心弁当では献立を盛る位置に決まりがあるが、通常の弁当では店によって盛りつけ位置は異なる。写真は、配達用にお造りが入らない10月頃の松花堂弁当。取肴、煮物に、強肴として揚物を盛り込んだ。

## 献立

【取肴】だし巻き玉子 菊眞丈
さわら味噌漬 八幡巻き
青唐辛子 鴨ロース 串刺し
車海老煮 鶏松風 栗煎餅
烏賊雲丹焼き
蓮根タラコ射込み
和え混ぜ 紅葉麩

【お造り】鯛 鰹 平目雲丹巻き 烏賊
赤貝 三つ葉 穂じそ 長芋
紅たで

【炊き合せ】海老飛龍頭 海老芋 湯葉
人参 三度豆、ぜんまい
柚子あん

【ご飯】栗ご飯 鯖寿司 奈良漬け
菊花蕪

【椀】丸仕立て 丸豆麩 焼きねぎ
平茸

【水物】洋梨 グレープフルーツ 巨峰
ゼリー掛けマンゴーソース

お造りを入れ、品数を増やして豪華にした松花堂弁当。ご飯は俵型に抜いた栗ご飯に、鯖棒寿司も入れた。炊き合わせには柚子あんをかけ、秋の香りを演出。この内容で12月中旬まで対応できる献立。

弁当箱にご飯を入れず四つの仕切りに料理を入れ、ご飯は別添えで松茸ご飯とした、さらに豪華な松花堂弁当。強肴や吸物に鱧や松茸を用い、さらにいろいろな麩を効果的に使うことで、秋の印象を演出する。

## 献立

【取肴】松笠烏賊 鴨ロース
ごま豆腐（イクラ 旨だし）
巾着 酢物（鱧蝋焼き 海老
蛇腹きゅうり）

【向付】鯛 ひらめ 鮪
剣先烏賊 あしらい一式

【焼物】だし巻き玉子
さわら幽庵焼き 萩麩
貝柱田楽 菊蕪
栗ブランデー煮
小鉢（菊菜しめじ浸し）

【炊き合わせ】小蕪 海老芋 揚げ麩
小巻き湯葉 鯛の子
三度豆 紅葉麩 木の芽

【吸物】鱧 松茸 水菜 結び柚子

【天ぷら】海老 蟹 なす
万願寺唐辛子

【ご飯】松茸ご飯

【香物】在所漬け

## 献立

だし巻き玉子　琥珀玉子
茄子と魚のチーズ焼き
甘鯛味噌漬け
烏賊蝋焼き
帆立貝菊花焼き
子持ち鮎甘露煮
ホイル焼き
ローストビーフ
肉団子甘酢あん、菊花巻き串打ち
紅鮭昆布巻き
車海老旨煮
イガ栗
柿玉子
銀杏　紅葉麩
鶏ささ身あられ揚げ
すだち釜　甘藷
彩豆腐　サーモン手毬寿司
秋刀魚小袖寿司　松茸ご飯　桜海老ご飯

11月頃から始まる紅葉狩りシーズン向けに用意した、秋の行楽弁当。栗、銀杏、菊花に紅葉麩など、時季の味覚をぎっしりと詰め込んだ折で秋を楽しませる。汁けのあるものは、汁が他に移らないよう容器に入れて盛る。

## 献立

栗ご飯、カマス寿司 奈良漬け 生姜
だし巻き玉子 菊眞薯 さわら味噌漬
八幡巻き、青唐辛子、鴨ロース
串刺し 烏賊雲丹焼き、青唐辛子、
八幡巻き 串刺し 和え混ぜ 昆布寿司
赤芋レモン煮 蓮根タラコ射込み
車海老煮 銀杏煎餅 栗煎餅
鱈子 昆布巻き 海老芋 湯葉
三度豆 紅葉麩 柚子

秋の行楽用の折詰。清潔感のある白木の折を使うと、それだけでも豪華に見える。酒が前提となるので、酒の肴をぎっしりと盛り込み、ご飯は端に詰めた。献立は基本的に人数分を入れ、価格に合わせて品数で調整する。

## 献立

- う巻玉子
- さわら西京焼
- 素橘釜みぞれ和え
- 鴨スモーク
- 海老芋雲丹焼
- 粟麩田楽
- 車海老汐焼
- 鰻柳川
- 穴子鳴門巻
- 蟹錦糸巻
- 南瓜
- 鱧煎餅
- 酢取り茗荷
- 蕪旨煮
- 松葉銀杏
- 小倉蓮根
- 手毬寿司三種
- 炙り鯖寿司
- 海老湯葉揚げ

観劇用の弁当で、季節は冬になるが四条南座で12月に行われる「吉例顔見世興行」の際の顔見世弁当。観劇の場で、席に着いたまま膝の上にのせて食べる弁当なので、コンパクトな箱に食べやすさを考えて詰めるのが重要。注文が多いときには、劇場まで運ぶのも仕出し屋の仕事だ。

# 秋の一品料理

## 肝炊き

材料

鱧の肝
酒
醤油
砂糖

鱧料理が得意な仕出し屋ではシーズン中に鱧をたくさん使うので、おろした身以外の浮袋や肝などを集めて小鉢風の料理にしてお客に出すところもある。肝焼きは、そうした中の一品。醤油と砂糖で甘辛く炊いた肝は、あっさりとして酒が進む。

## 骨せんべい

こちらも鱧のアラで作る酒肴。中骨と皮のせんべいだ。鱧の中骨は、内臓のある部分は三角形で硬くて使えないので、平らで柔らかい尾に近い部分を使って作る。写真右が骨せんべいで、左が鱧皮のせんべい。ともに片栗粉をつけて素揚げする。

材料

鱧中骨
鱧皮
片栗粉
塩

## 鱧焼霜

鱧を使った、代表的なお造り。細かく骨切りした鱧を、皮目から炙って花を咲かせ、身の方もさっと炙って焦げ目をつける。お湯にくぐらせない分、うま味が流れ出ず、水っぽくならないので、弁当の献立にもよく使われる。

材料

鱧
かぼちゃ
長芋
わさび
梅肉
醤油

## 鱧巻き揚げ

骨切りして身を切り離し、それを横に並べた上にグリーンアスパラをのせて巻き、天ぷら衣をつけ、新引粉をまぶして揚げた。新引粉の食感と香ばしさ、アスパラの甘みが鱧の淡白な美味しさを引き立てる。

材料

鱧
グリーンアスパラガス
天ぷら粉
新引粉
塩
すだち

## 牡丹鱧　管ごぼう　冬瓜　じゅんさい

鱧料理を代表する伝統料理。骨切りした鱧に葛粉を打ち、熱湯に落とすと、皮が縮んで身が広がり、牡丹の花が咲いたようになることからこの名がある。硬い芯を抜いた管ごぼう、冬瓜、じゅんさいといった、時季の野菜を添えて吸地を張る。

材料

鱧
葛粉
管ごぼう
冬瓜
じゅんさい
だし汁
淡口醤油
塩
青柚子

## 鱧の柳川

材料

| | |
|---|---|
| 鱧 | みりん |
| 松茸 | 酒 |
| ごぼう | 卵 |
| だし汁 | 三つ葉 |
| 淡口醤油 | 粉山椒 |

どじょうの代わりに鱧を使い、さらに松茸も加えた、秋の贅沢柳川鍋。笹がきにしたごぼうと鱧は意外に相性がよく、さらに松茸も入るので、ひじょうに香り高い柳川となる。三つ葉をふり入れて卵でとじ、粉山椒をふる。

## 鱧まぶしご飯

焼き鱧を刻み、たれも少々加えて熱々のご飯に混ぜ込んだもの。まるで厨房の賄いご飯のようにシンプルで手軽な印象の一品ながら、たれ焼きの鱧の香ばしいうま味で食が進む。鱧好きにはたまらないご飯といえる。

材料

鱧
醤油
酒
みりん
砂糖
ご飯
粉山椒

## 鱧寿司

骨切りした鱧を専用のたれで漬け焼きにし、寿司飯にのせて棒寿司にしたもので、香ばしい香りと酢飯の酸味が絶妙の味わい。食欲の落ちる夏場も、仕出しで注文の多い一品だ。元々がつけ焼きなので、煮ツメはあまり塗らないのが味良く仕上げるポイント。

材料

鱧
醤油
酒
みりん
砂糖
寿司飯
生姜甘酢漬け
はじかみ

## ぐじ飯蒸し

京都では「ぐじ」と呼ばれる甘鯛は、秋の頃が旬。長崎や山口でも水揚げされるが、京都では若狭産の「赤ぐじ」が重宝される。飯蒸しは、切り身をさっと湯にしてうろこを取り、身を開いたぐじに、白蒸しを詰めて蒸した昔ながらの料理。重陽の節句にちなみ菊のあんをかけた。生栗があるときは、せん切りにして天盛りすると、秋の風情が増す。

材料

| | | |
|---|---|---|
| ぐじ | 淡口醤油 | 水菜 |
| 餅米 | みりん | 栗 |
| だし汁 | 葛粉 | わさび |
| 塩 | 松茸 | |

## ぐじ細造り

一塩をしたぐじを、薄く切って細造りにした。ぐじはノドグロに近い食感で身に弾力があるのが特徴。ただしうろこの下の白い皮は、ひじょうに硬く噛み切れないので、皮を引いてからお造りにする。三杯酢で食べる。

材料

| | |
|---|---|
| ぐじ | 防風 |
| 蔓紫 | わさび |
| 水前寺のり | 三杯酢 |
| 菊花 | |

## ぐじ若狭焼き

「ぐじ」の代表的な焼き方。調理法によってはうろこまで食べられるのがぐじの特徴で、見目がいいようにうろこを立たせないように仕上げる。一塩のぐじはうろこごと皮を引き、その皮を天板に広げて干す。うろこの表面が乾燥した皮を、反り返らないように網で挟んで低温の油で揚げる。切り身は酒焼きにし、仕上げに揚げた皮をのせる。

材料

| | |
|---|---|
| ぐじ | 花山椒 |
| 酒 | すだち |

# （甘鯛）ぐじのおろし方

夏から秋までの時季、京都で楽しまれる高級魚が甘鯛です。関西では「ぐじ」の名の方がよく知られています。ぐじは体色で赤・白・黄と3種類ありますが、京都で用いられるのは若狭産の赤ぐじ。伝統的に背開きにし、水分が多い魚なので、おろしたものは一塩をしてから調理に用います。若狭焼きのように、ウロコも食べられる珍しい魚です。

**01** 頭を右、背を手前にして置き、頭から背にかけて庖丁で切れ目を入れ、中骨まで刃を進める。上身の方に中骨を残す。

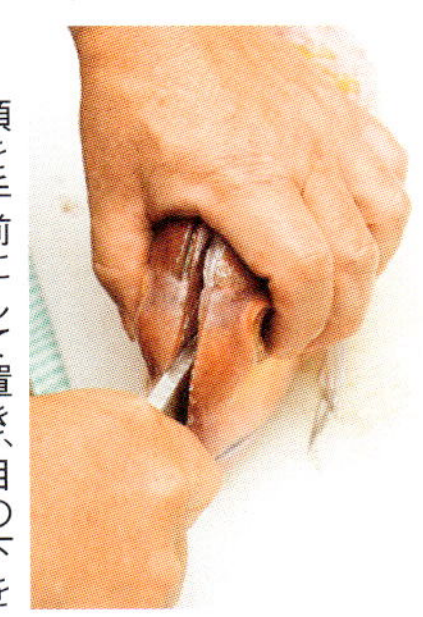

**02** 頭を手前にして置き、目の下をしっかりと押さえて頭を割り、身を開く。

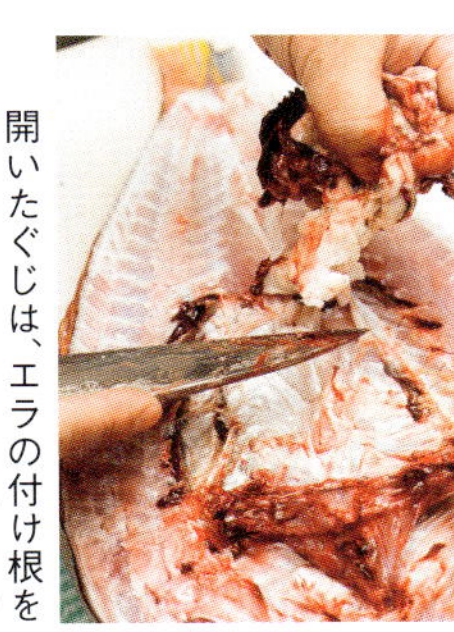

**03** 開いたぐじは、エラの付け根を切り離し、エラと内臓類を一緒に取る。

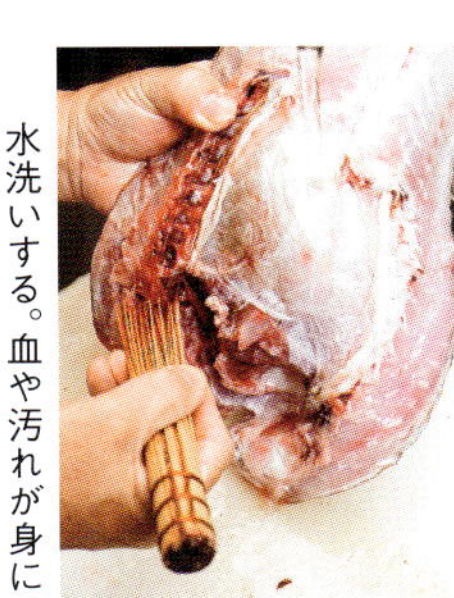

**04** 水洗いする。血や汚れが身につかないよう尾を上にして持ち、流水で流す。

**05** 身に塩をする。骨がついている方は塩が入りにくいので、多めに塩をする。皮にも塩をする。

**06** 穴開きバットを重ね、背（切った方）を下にして並べ、冷蔵庫で一晩置く。切った方を下にして置くことで、水分や臭みが身につかずに下に落ちる。

**07** 一晩置いたものを三枚におろす。まず胸ビレから庖丁を入れ、たすきに頭を落とす。

**08** 頭を落としたら、中骨のない下身を切り離す。

**09** 中骨に沿って刃を進め、三枚におろす。腹骨は、焼き物のときは残すが、それ以外の調理に用いるときはすき取り骨を抜く。

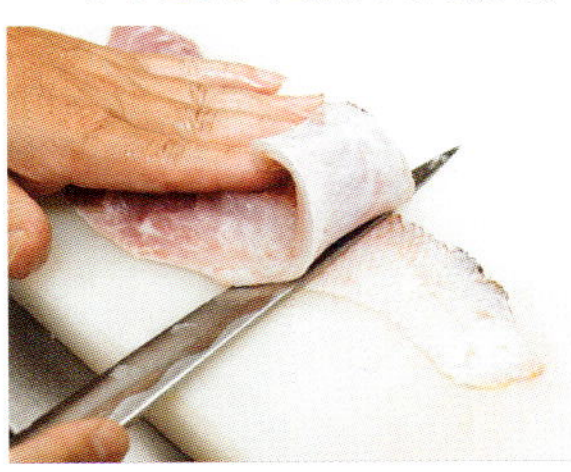

**10** 皮目を下にして置き、ウロコのついた皮と身の間に刃を入れてウロコ部分だけをすき引きにする。

**11** ウロコの下の白い皮を残す。この皮が美味しい。ただし生で出すときは、白い皮にしっかりと庖丁目を入れないと、硬くて噛み切れないので注意する。

**12** 身に残っているウロコを庖丁の先で取る。ウロコを残して焼く若狭焼きは、ウロコが立たないよう、乾かすようにしながら焼く。

# 初午《はつうま》（冬）の会席料理

冬の京都は、正月が明けるとしばらくは静かな時季に入ります。底冷えのする中で観光客の姿も少ないためでもあります。しかし2月に入ると再び忙しさが戻ってきます。

特に忙しいのが、京都市南部に位置する伏見の町です。１３００年も続く「お稲荷さん」の総本宮・伏見稲荷大社があり、2月にはご鎮座ゆかりの初午《はつうま》大祭が行われます。

伏見稲荷大社には商売繁盛の神様が祀られているたいへん縁起のいい神社。それにあやかるために、初午の日には観光客はもちろんのこと、京都で商売を営む人たちも参詣に訪れます。そうした人たちのために、この時季の伏見の仕出し屋は、お稲荷さんの縁起にちなんだ特別な料理をお出しするのが習わしです。

特別な料理ではなくても、地元に住む人は、初午には稲荷寿司を仕出し屋に注文して食べる習慣も古くからあります。この習慣も、現在に受け継がれていて、仕出し屋では初午に稲荷寿司を準備しています。

さらに伏見は、日本酒の蔵元が24蔵もある京都随一の酒処。酒蔵では初午のお祝いを行いますので、そのための料理を作ってお持ちするのも、古くから伏見の仕出し屋の大切な仕事になっています。

毎年、多くの参拝者で賑わいをみせる伏見稲荷大社。正月の初詣はもちろんのこと、2月の初午大祭では商売繁盛を願って京都市内外から大勢の人が参詣に訪れる。その時季は、お稲荷さんにちなんだ稲荷寿司や特別な料理を食べるのが習慣となる。

献立

【口取】いわしの卯の花寿司
酒の粕のし梅笠ね衣揚

【鉢盛】稲荷寿司
畑菜からし胡麻和え

【焼肴】すずめ焼き
粕汁鍋

2月、伏見稲荷大社の初午をお祝いして酒蔵に運ぶ料理の一例。中央はのし梅重ね揚げ。のし梅を、伏見の酒蔵から出た酒粕に挟んで揚げたもの。奥は、旬のいわしを使った棒寿司。羊歯（裏白）や柊など縁起の良い植物を飾る。

五穀豊穣の神でもある伏見稲荷大社では、米を食べる雀は敵とされ、参道では雀焼きが売られている。伏見稲荷大社の初午の日でも、そうした縁起にちなんで雀焼きを献立に入れることがある。

稲荷寿司と畑菜辛子和え。初午の日には、稲荷寿司を食べる習わしがあり、一般家庭でもこの時期は仕出し屋に稲荷寿司を注文することが多い。添えられた畑菜は京都の伝統野菜で、この辛子和えも初午の時季に食べると縁起がいいとされている。

伏見は京の酒処でもあるので、地元の蔵元から出る酒粕を使った粕汁鍋で、厳冬の時季に体を温めてもらう。粕汁鍋は冷めないよう火で温めながら、薄く造り身にした寒鰤を泳がせるように加熱して味わう。

# 京都の主な行事・祭り

京都は一年中、何かしらのお祭りが行われています。中でも知名度が高いものや人出が多いものを中心に、そのほんの一部を紹介しましょう。小さなお祭りでは近所に住む人たちが、大きなお祭りでは遠方からの観光客が集まり、急なお客様をおもてなしする機会も増えることから、仕出しの需要も高まります。こうした機会は大切にしたいものです。

●1月
1日～3日／元旦、初詣（各社寺）
10日／十日（初）ゑびす（恵美須神社）
25日／初天神（北野天満宮）

●2月
初午の日／初午大祭（伏見稲荷大社）
25日／梅花祭（北野天満宮）

●3月
13日～5月13日／十三まいり（法輪寺）
15日／嵯峨御松明式（清涼寺）
下旬～4月上旬／北野をどり（上七軒歌舞練場）

●4月
1日～15日／観桜茶会（平安神宮）
1日～30日／都をどり（祇園甲部歌舞練場）
上旬～中旬／京おどり（宮川町歌舞練場）
10日／桜花祭（平野神社）
第二日曜日／豊太閤花見行列（醍醐寺）

●5月
1日～24日／鴨川をどり（先斗町歌舞練場）
5日／藤森神社駈馬（藤森神社）
15日／葵祭（下鴨神社、上賀茂神社）
第三日曜日／三船祭（車折神社）

●6月
1日／貴船祭（貴船神社）
1日～2日／京都薪能（平安神宮）
中旬／京都五花街合同伝統芸能特別講演（京都会館）
30日／夏越祓（各神社）

●7月
1日～31日／祇園祭（八坂神社、四条烏丸一帯）

●8月
7日～10日／五条陶器祭（五条坂一帯）
16日／京都五山の送り火（市内各所）

●9月
第一日曜日／八朔祭（松尾神社）
第三か第四土曜日・日曜日前後／萩まつり（梨木神社）

●10月
19日～21日／二十日ゑびす（恵美須神社）
22日／時代祭（京都御所、平安神宮）
22日／鞍馬の火祭（由岐神社）

●11月
1日～10日／祇園をどり（祇園会館）
第二日曜日／嵐山もみじ祭（嵐山渡月橋上流一帯）
23日／もみじ祭り（京都地主神社）

●12月
上旬～下旬／吉例顔見世興行（南座）
7日～8日／大根焚き（大報恩寺［千本釈迦堂］）
9日～10日／鳴滝大根焚き（了徳寺）
25日／終い天神（北野天満宮）

# 精進料理

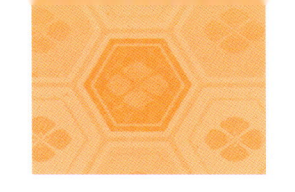

# 鉄《てっ》鉢《ぱつ》料理

鉄鉢は、七鉢で一揃い。一番外側の鉢が、托鉢の時に用いられる鉢のサイズ。店で出されているのは、朱塗りで内側が黒塗りの鉢。鉄製なので、七鉢揃うとずっしりと重い。

仕出しの文化を構成する大きな柱は、町家向けの会席料理、お茶事向けの懐石料理と、さらにお寺向けの精進料理があることは、最初にご説明した通りです。

特に精進料理については、献立の内容も配膳の進め方にも独自の知識と専門的な技術が必要とされるため、注文は精進料理専門の仕出し屋

## 献立

【鉄鉢】志ば漬け　古沢庵
天だし
ごま豆腐　花丸きゅうり
芽紫蘇　わさび
加減醤油
白酢和え（きゅうり・人参・椎茸・こんにゃく）
蕗の葉時雨煮
空豆蜜煮
湯葉淡煮　飛龍頭含め煮
京筍 絹さや 桜麸
木の芽
天ぷら（さつま芋・煮椎茸・蓮根・唐辛子・葛そうめん）
うどのきんぴら　大徳寺
納豆入り擬背焼き豆腐
蕗の生湯葉巻き
蒲焼豆腐

【吸物】若竹汁

【揚物】甘露梅日の出揚げ
三色栗麩田楽（木の芽・柚子・赤味噌）

【煮物】汲み上げ湯葉　柚子

【花小鉢】うどと人参のサラダ
木の芽ソース仕立て
新筍　揚げ湯葉

【温物】桜道明寺の葛あんかけ
（姫皮・京水菜・うすい豆・櫻花塩漬け・花びら百合根）

【飯】筍ご飯　木の芽

が腕を競い、注文を任されます。専門職が成り立つのは、やはり寺院や宗派の本山の数が多い京都ならではの事情があります。

精進料理は、お寺や仏事などの特別な場所や機会にしか食べられないというわけでもありません。京都には、一般の方も楽しめる精進料理があります。その一つが、ここで紹介する鉄鉢《てっぱつ》料理です。

鉄鉢料理の「鉄鉢」とは、修行僧が托鉢で食べ物などを受けるために用いた鉄製の丸い鉢のこと。この鉢に料理を入れて提供するのが鉄鉢料理です。修行僧の食事ですので内容は精進料理です。鉄鉢は、基本は七鉢が一揃いで、一番大きな鉢が托鉢に用いられる鉢のサイズ。

精進料理の心得として、素材を無駄にしないのが原則。そのため、野菜も端々を使います。お出しした料理も完食していただきたいので、器の数は多いのですが、食べきれるよう分量を配慮しています。

メインとなる鉄鉢の精進料理。精進料理で定番のごま豆腐や白和えなどのほか、ひろうす（鳥の雁もどき）、蒲焼に似せた蒲焼豆腐、まぐろに似せた柿の寒天など、「擬似料理」といわれるものも献立に入る。

写真は春の時季の献立。豆腐を揚げて三種の田楽味噌を塗ったもの、汲み上げ湯葉に、筍木の芽味噌かけなど春らしい献立も入て、季節感を楽しませる。

わらび餅とお薄は、食事の前に出す。このわらび餅は、作って常温で2～3日目のものを提供しており、それ以上置くと硬くなる。ふわっとしてとろとろの食感が心地好く、食事への期待感が高まる。

締めの食事は、吸物に春は筍ご飯。吸物は昆布だしで、真蒸風の実は野菜で作ったもの。ご飯は季節に応じて変化させる。

# 精進会席

京都には、お寺の総本山など歴史が古く由緒ある大寺院がたくさんあります。それらの寺院では、元々は修行僧が、お寺の中の庫裡（厨房）でそのお寺独自の料理を作っていました。お寺では、料理を作ることも大事な修行とされています。

宗派によっては、決まった日の法要にしか作らない献立、何百年も昔から変わらない献立、門外不出の献立もあります。その献立を教わり、修行僧に代わって作っているのがお寺専門の仕出し屋です。精進料理で内容は質素でも、各お寺ごとに名物があります。献立の内容に対して専門知識が必要になりますので、「このお寺にはこの仕出し屋」と、出入りの仕出し屋が決まっていることが多いものです。

お寺の紋が入った専用の器を使うことも珍しくありません。昭和の初め頃までは仕出し屋が野菜類を持ち込み、お寺の〝おくどさん（かまど）〟で煮炊きをしていました。今では店の厨房で八割まで調理してお持ちし、現場で盛りつ

平椀（中央）に両木皿（奥の左右）、猪口（奥中央）に、汁椀と飯椀の精進会席の一の膳（本膳）。平椀は煮物椀で、清まし仕立てか葛引きが基本。両木皿には和え物、ごま豆腐などを盛る。

ける出張料理がほとんどになります。下で紹介した三の膳まである精進料理は一般的な献立の例です。料理内容が決まっている会では一の膳で終わることもあります。

なお、精進料理専門の仕出し屋では、その特徴柄お寺の仕事がほとんどなのですが、最近では時代を反映して、ベジタリアンのかた向けに料理屋やホテルなどにお膳を持って行く仕事も行っています。

## 献立

**【一の膳】**

木皿
ごま豆腐
花紫蘇
山葵　旨出し

木皿
白酢和え

平椀
加薬湯葉
松茸　鶯菜
柚子
清まし仕立て

猪口
香の物三種

汁椀
蓬麩　溶き辛子
白味噌仕立て

飯椀
しめじご飯

**【二の膳】**

土瓶蒸し
松茸
粟麩
小巻湯葉
すだち

八寸
舞茸と水菜のお浸し
吹き寄せ揚げ
いが揚げ
栗
揚げ昆布
樋湯葉
慈姑煎餅
紅葉麩
いちょう麩
銀杏
稲穂揚げ

**【三の膳】**

蒸物
百合根饅頭
べっこう餡かけ
忍生姜

炊き合わせ
かぶら
京人参
京菊菜
柚子味噌

水物
季節の物三種

二の汁と八寸の、精進会席の二の膳。二の汁は松茸と生湯葉、生麩の土瓶蒸し。八寸は秋の印象の吹き寄せ（揚げ物）と千代口（お浸し）は、縁高に盛り合わせた。

蒸し物、炊き合わせと水物の精進会席の三の膳。

# 節句と仕出し

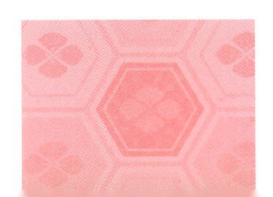

# お節料理

12月の声を聞くと、正月のお節料理の仕込みで仕出し屋は大忙しになります。

今でこそ、デパートで高級店のお節料理が手軽に買えるようになりましたが、かつては各家庭で作るのが当たり前で、お節料理を買うのは大店《おおだな》の商店だけでした。

年末になると、大店から店所有の重箱が出入りの仕出屋に届きます。重箱は、そのお店のお客様用と家族用の2種類がありました。出入りの店に注文するのは、その方が家族構成や味の好みが分かっているからです。仕出し屋はそこに料理を詰めて大晦日に配達しました。

それだけでは終わりません。元日を過ごしたその夜に、届けたお客様のところに再度うかがいます。元日に食べてすき間の空いた重箱に料理を追加で詰めるわけです。お客様にお出しするお重なので、すき間が空いていては〝食べ残し〟のように感じさせて失礼になるからなのでしょう。さらに2日目の夜にもうかがい、今度は小ぶりの重箱に詰め直します。こうして3が日を過ごすのが仕出し屋の正月でした。

お節料理の重箱は、五寸五分。ここから五分刻みにあります。お重一面にぎっしりと詰める盛り方が今風で、二段重が最もまとまりがいいといわれます。二段重でも43～44種類は入っていますので、正月を充分に楽しめる量だと思います。

お節料理は味が濃いという印象の方も多いのですが、しっかりと濃いのは関東風。通常より濃い目になりますが、それでも京都のお節料理は薄味です。

大晦日の仕出し屋の厨房。冷凍保存できるもの以外は28日から仕込んで詰める。京都は冬が寒く湿度もあるので、暖房を切った部屋を冷蔵庫代わりとし、重箱を保管することが多い。

献立

【上段】
う巻　求皮巻　絹田巻　鳥黄身焼
鱒味噌漬　鳥幽庵漬　うおぜ味噌漬
烏賊雲丹焼　ミンチ鶉　信田巻
伊勢海老　鳴門穴子　ごぼう詰　八幡巻
子煮付　子持ち鮎鞍馬煮　諸子甘露煮
諸子南蛮漬　酢蓮根　飾り水引

【下段】
合鴨ロース　酢橘釜（イクラ）
羽子板かまぼこ　つくばね
串刺し（海老、銀杏、蟹眞丈）
酢橘釜（梅海月）　蛤（このわた）
絹さや　唐墨　蛤（ぐじバラ子和え）
流れ貝やわらか煮　海老椎茸揚げ
金柑甘露煮　青竹（数の子）
青竹（烏賊赤子和え）　青梅甘露煮
車海老煮付　串（蛤雲丹焼）　笹巻麩
串（さざえ）　花百合根　松傘慈姑
梅人参　五三竹　黒豆松葉刺し
花サーモン　鳥肝ゼリー寄
海老黄身寿司　海老丸

標準的な六寸五分の二段重。一段目は高さを揃えて水平に盛り、二段目は斜めに流す盛り方で変化をつけ、見た目にも美しい。京都では、棒だら、黒豆、たたきごぼう、ごまめなどは各家庭で作られていたので、仕出し屋のお重にはあえて入れないことにしていたが、最近ではそうした京都のお正月の伝統的な、意味のある料理も仕出し屋に注文されることが多くなった。

## 献立

う巻　求皮巻　絹田巻　烏賊雲丹焼
八幡巻　鱒味噌漬　鳴門穴子
うおぜ味噌漬　鳥幽庵漬　鳥黄身焼
蛤（このわた）　青竹（数の子）　唐墨
青竹（烏賊赤子和え）　蛤（ぐじバラ子和え）
車海老煮付　子持ち鮎鞍馬煮　信田巻
合鴨ロース　ごぼう詰　子煮付
海老椎茸揚げ　流れ貝やわらか煮　絹さや
串刺し（海老、銀杏、蟹眞丈）　花百合根
羽子板かまぼこ　つくばね　松傘慈姑
梅人参　五三竹　酢橘釜（イクラ）
花サーモン　青梅甘露煮　金柑甘露煮
海老黄身寿司　酢橘釜（梅海月）
黒豆松葉刺し

六寸五分の一段重。重箱を上下に分け、盛り方を変えて変化をつける。少人数の家庭が多くなり、また三が日をお雑煮とお重で祝うことも少なくなり、最近は一段重や小さめのお重の需要が多くなった。

# お節料理

デパートなどに出すための、簡易な重箱を使った三段のお節料理。最近では白木風のものが人気が高い。運搬中に料理が崩れないよう、仕切り板を入れた中に盛りつける。器ごと入れられるので、比較的汁けの多い料理も入るのが、最近のお節料理の傾向だ。

## 献立

【壱の重】

いくら醤油漬　網傘柚子　柿ゆべし
蓮根甘酢漬　お多福豆　貝柱眞丈
黄味眞丈　栗渋皮煮　小川サーモン
こんにゃくごぼう射込み
くるみ飴炊き　青梅煮　椎茸煮
子持ち鮎鞍馬煮　千代呂木
菊花蕪　葉地神　千代結かまぼこ
生子みぞれ和え

【弐の重】

竹筒入黒豆煮　紅白蒲鉾
竹筒入烏賊の雲丹和え　伊達巻玉子
鰆味噌幽庵焼　市松信田巻
酢どり茗荷　ひらめ求肥巻
うなぎ八幡巻　栗甘煮
山桃ワイン漬　サーモン黄味寿司
梅人参　梅大根　数の子　のし梅

【参の重】

レモン釜鯛南蛮漬　鮭昆布巻
穴子鳴門巻　うなぎ八幡巻
蟹揚げ眞丈　鴨ロース煮　赤梅煮
金柑煮　湯葉煮　小芋白煮　筍煮
二見椎茸煮　松傘慈姑煮
手毬麩煮　蛸やわらか煮　梅麩煮
梅人参　梅大根　車海老煮

# 桃の節句の会席料理

節句は、中国・唐の頃の暦法が元となり、決まった日に宮中で邪を祓う行事として伝えられてきました。

一月一日、三月三日、五月五日、七月七日と九月九日のように奇数（陽の数）が重なる日が選ばれました。江戸時代からは幕府により、年の初めの一月一日は特別とされ、一月七日に入れ替えて五節句と呼ばれ、今日にいたる年中行事となっています。

三月三日の桃の節句は雛祭りで、全国的には新暦で行われますが、京都の古い家では旧暦の四月三日に行うところも多くあります。この日の京都は、市内各地で華やかな催し物が行われますし、女の子がいる家庭では前の月から雛人形を飾って雛祭りを向かえ、節句の料理を食べてお祝いをします。お子様だけでなく、大人の女性のかたにとっても楽しみな日です。

節句は、前述の通り邪を祓うのが目的の行事でしたから、出される料理には神様にお供えするものや縁起物など、それぞれの節句に欠かせない献立があります。

桃の節句は、別名「貝節句」とも呼ばれるように、貝類をお出しします。関東では蛤が一般的なようですが、京都では琵琶湖南端の瀬田で獲れる蜆を佃煮にしたおばんざいを家庭で食べる習慣があります。また、姫鰈やちらし寿司などの縁起物、菱餅や引千切といった献上菓子を添えるのも、この日の伝統的な献立です。

今日の桃の節句の仕出しでは、こうした伝統的な献立を基本としながら、今の人たちの味覚や嗜好に合わせて献立を立てます。

基本的に女性のかたに食べていただく料理ですから、品数をたくさん盛り込み、色づかいで春の華やかさが表現できるよう食材を組み合わせます。それぞれにひと口で食べられるよう、料理は小さめに切り、色鮮やかに盛りつけます。

## 献立

【前菜】
猪口にこのこ長芋和え、木の芽
猪口に赤貝、烏賊、分葱鉄砲和え
貝盛（黄味眞丈、鰈雲丹焼
車海老煮、一寸豆、わらび、
白魚白煮、鮑やわらか煮、
唐墨金箔、桃の花）

【お造り】
鯛松皮造り、わさび、より人参、
こごみ　伊勢海老、つくし、
梅人参　文甲烏賊、さくら草、
莫大ゼリー　鮪トロ、
大根けん　赤貝、小線うど、
岩茸　ほたて貝柱昆布締、防風

【椀盛】
うすい仕立て　百合根桃眞丈
炙り蕗のとう

【焼物】
鱒白酒焼　蓬麩田楽

【煮物】
若竹煮　蕗　木の芽

【温物】
油目とかぶらの霞あんかけ
結び人参　千社塔

【ご飯】
雛ちらし蒸し寿司　蛤の飯蒸し

【水物】
ワイングラスに三色ババロア、
桑いちご　でこぽんゼリー寄せ
いちご　サワークリーム

前菜は、鮑やわらか煮、車海老に、わらびや一寸豆を添え、珍味類も壺で添えた。お造りは、絵皿風の器に旬の魚介をきれいに盛り込んだ。椀盛は、桃の節句にちなんで百合根饅頭で桃を形どったもの。

焼物は、幽庵地に浸けた鱒を焼き、さらに白酒をぬりながら焼いたもの。蓬麩の味噌田楽を添えた。煮物は、京筍と蕗。

飯は、雛ちらしの蒸し寿司と、京都の桃の節句らしい蜆を使った蜆の飯蒸し。菱型の器を用いて雛祭りを印象づける。

仕上げのデザートは、現代的に洋風のものも取り入れた。

# 端午の節句の会席料理

五月五日は端午の節句。「端午」とは、文字通り五月最初の午の日のことです。

この日は、その昔は菖蒲の葉などを用いて邪気を祓いました。今でも菖蒲湯に入ったりしますが、それも同様の習慣の一つ。菖蒲の葉の強い香りが邪気を遠ざけるといういわれから行われている習慣です。

節句は元々は、宮中で邪気を祓う行事のための日でした。しかし武家の時代になると、端午の節句に用いられる菖蒲が「尚武」と同じ読みであることが尊ばれ、武者人形や鎧兜を飾ったり、鯉のぼりをあげたりして、家を継ぐ男の子の健やかな成長を願う日へと変化しました。そうした行事が、今日の男の子の節句へと引き継がれました。

武家が跡取りの男の子の成長を願う日となった端午の節句には、本来は決まった食材を使うことはありませんでした。しかし武士の一番の関心事である立身出世や家名隆興にちなむ食材が、縁起物として次第に多用されるようになりました。

例えば、鰹や鯛のように「勝つ」「めでたい」に通じる魚。出世魚の鰤。「竜門の滝を登って竜になる」と伝えられる鯉。家運長久の縁起物とされる柏の葉などは、その代表例です。筍や飛竜頭などもそれに当たります。粽も不可欠なものですが、これは中国由来のもので男の子の節句とは直接関係はありません。これらは端午の節句の料理には欠かせないものです。

ただ最近では、仕出し屋への注文は初節句を迎えるかたからの比率が高くなっています。このため、比較的質素であっても毎年の成長を祝う料理というよりは、お祝いの記念料理という性格を求めるお客様が多くなってきているように感じられます。

節句の料理には、縁起物を入れるようにする以外は、堅苦しい決まり事は多くありません。おめでたいお祝い事ですので、品数を多く、見た目にも派手やかで豪華な献立を心がけるようにするといいでしょう。

### 献立

【先付】うすい豆腐　雲丹　琥珀だしかけ
【八寸】車海老　粽寿司　鉄扇　焼目長芋　的穴子　空豆
【吸物】蓬麩　鶏せせり肉　小芋　結び人参　松葉すだち　あやめうど
【向附】鮪磯部巻　鯛　鰹のたたき　あしらい
【煮物】鯉こく　白髪ねぎ　あさつき　針人参
【焼物】桜鱒二色焼　筍田楽　肝煮　はじかみ
【揚物】飛龍頭あんかけ　三色飾り
【酢物】ひらめ　車海老　きゅうり　うど　あさつき和え造り　オレンジ盛り
【食事】筍ご飯　木の芽
【香物】きゅうり　大根　柴漬け
【水物】メロン　オレンジ　巨峰ゼリーかけ

現代的な端午の節句の会席料理。取肴には、時季の鯖を酢で締めて入れた粽寿司を盛り込んで、端午の節句の印象を出した。お造りは、鯛、鰹、鮪と縁起のいい魚種の三種盛り合わせ。他の先付や吸物には、時節の食材を組み入れた。

焼物は、京筍を木の芽田楽にし、魚と鶏肝と共に盛り込んだもの。煮物椀は端午の節句の縁起物の鯉こく。最初に酒で煮て臭みをぬき、白味噌を加えて3時間ほど煮たもの。揚げ物も、縁起物の飛竜頭。酢の物は、上に添えたオレンジの優しい甘さで味わう。

食事は、時節柄、筍ご飯。汁、香物の後、最後に水物も出す。

# 端午の節句の会席料理

# 人生の節目となるお祝い事

お祝いの席に用いられることの多い仕出し料理。お祝い事で多いのが、婚礼に関することと人生の節目に関することです。特にお子様は、出産のお祝いから成長を願う行事とお祝い事が多く、その席に仕出しが用いられます。また高齢化社会が進む日本では、年長者のお祝いも盛んに行われます。

## 出産から成人までのお祝い事

**●お七夜**

誕生してから7日目の夜のこと。身内で祝い膳を囲む

**●お宮詣り**

生後１か月を目安に宮詣りし、健やかな成長を願う

**●お食い初め**

生後１００～１２０日に行う内祝い。赤ちゃん用の祝い膳を出し、食べさせる真似をさせる

**●初節句**

誕生後初めて迎える節句。男の子は5月5日、女の子は3月3日に、自宅にて盛大なお祝いをする

**●初正月**

誕生後初めて迎える正月。男の子には破魔弓、女の子には羽子板が贈られる

**●初誕生**

誕生後初めて迎える誕生日。昔は親戚を呼び、餅をついて祝った。最近では親しい身内だけでお祝いをすることが多い

**●七五三**

11月中旬の天気のいい日に、男女とも3歳のとき、男の子は5歳のとき、女の子は7歳のときに氏神様で成長を祈る。参拝の後、祝い膳を囲むことが多い

**●入学**

幼稚園、小学校などの入学式を祝う

**●卒業**

小学校、中学校、高校などの卒業を祝う

**●十三詣り**

男女とも数えで13歳になった年、3月13日から5月13日の間、嵐山の法輪寺に着物を着てお参りする。京都ならではの風習

**●成人式**

20歳になったことを祝う。通常は成人の日やその前日に行われるが、地方によっては別の日に行われる

## 年長者のお祝い事

- ●還暦（数え年61歳）
- ●古希（数え年70歳）
- ●喜寿（数え年77歳）
- ●傘寿（数え年80歳）
- ●米寿（数え年88歳）
- ●卒寿（数え年90歳）
- ●白寿（数え年99歳）

# 祝儀
# 不祝儀の仕出し

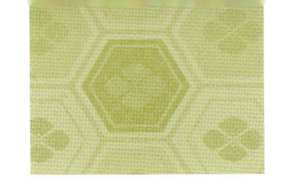

# 婚礼の会席料理（伝統的な献立）

新しい人生の門出を祝う婚礼の料理は、古くから仕出し屋が腕を振るう機会とされました。今でこそホテルや教会、専門施設などで結婚式から披露宴まで行えますが、そうした施設のなかった昭和の初めの頃までは、結婚式は各家庭で行い、仕出し屋に料理を頼んで貸席などで披露宴を行っていました。参加者は、親戚を含め少人数。今日のように何十人、何百人が参加する大規模な披露宴とは大違いです。

昔の披露宴は多くても二十人ほどでしたから、器は塗りのものを使いました。今では数が増え、食器洗浄器を使うようになりましたから、それに耐えられる器になってきています。

おめでたい席ですから、献立も縁起のいいものをふんだんに使います。ここではまず、婚礼における伝統的なスタイルの会席料理の一例から紹介しましょう。

八寸とお造りの次に来るお椀は「吸物膳」と呼ばれ、この椀物だけがお膳で出されます。二の膳の流れを残したスタイルと考えられる伝統的な出し方です。内容は、合わせ蛤と神馬草。合わせ蛤は夫婦和合を表しています。なお、最後の食事の際には白味噌仕立ての汁を後吸物として出すのも、伝統的な献立です。

さらに、かつては八寸とは別に、数の子、結びごぼう、巻きするめも出していました。これらは、どれも縁起の良いものとされてきましたが、現代人の嗜好に合わなくなってきたのか注文されなくなり、多くの仕出し屋で出さなくなりました。特に結びごぼう、巻きするめは廃れようとしています。仕出し料理の伝統技術の一つとして、後世に残しておきたいものです。

なお、最近では神前結婚が見直され、京都の神社で婚礼を行うかたもいらっしゃいます。このようなかたのために、出入の仕出し屋が前もって神社のかたと打ち合わせをし、献立を決めています。神社側が献立決めを主導するケースも多く、最近では洋食店とのコラボレーションをして和洋折衷で料理をお出しするときもあります。

### 献立

【八寸】赤梅蜜煮 数の子 柚べし のし梅
子持諸子 蟹錦紙巻

【向付】鮪 鯛 烏賊 いくら

【炊き合わせ】鮑やわらか煮 筍 蕗 うど 花麩
伊勢海老姿盛り サラダ菜
グリーンアスパラ 赤・黄パプリカ

【焼物】鱧山椒焼 新生姜鼈甲煮 はじかみ

【汁物】蛤吸物 神馬草 木の芽

【ご飯】お赤飯

【後吸物】白味噌仕立て 鯛 蓬麩 亀甲大根
山椒 のし鰹

【水物】メロン

【のし餅】

数の子や子持ち諸子など、子孫繁栄の伝統的な縁起物を盛り込んだ八寸。お造りはまぐろと鯛、烏賊で、おめでたい紅白の色合いを出した。椀盛は鶴の絵柄が入るおめでたい器に、合わせ蛤の吸物に、神馬草を添える。

おめでたい印象を高める伊勢海老は、三杯酢の器にも婚礼用の「吉」の字が入る。炊き合わせには、必ず鮑を入れる。鮑はひじょうに縁起の良いものとされ、婚礼用には欠かせない。時季の煮物と共に盛り合わせる。焼物は、ここでは鱧を使った。

料理の後の食事には、後吸物として白味噌仕立ての汁を出す。婚礼用のご飯は、伝統的な献立では赤飯が基本。水物のあと、持ち帰り用の「のし餅」が出る。のし餅は京都では昔からつけているもので、中は一般的な切り餅。

## 婚礼の会席料理（伝統的な献立）

# 婚礼の会席料理（現代的な献立）

古くからの神社や寺院が、たくさん残されている京都。有名なところでも、結婚式ができるところは多いものです。普段は洋式の生活をしていても結婚式は別で、厳かな雰囲気の中で古式床しい式を挙げたいと希望するかたは後が絶えません。

ただし、披露宴でお出しする仕出しの料理は、90ページで紹介しましたように、現代風にずいぶん変わってきています。おめでたい食材、縁起のいい料理を入れる、という決まり事は守られていますが、今日のお客様の嗜好に合わせて献立内容が変化しています。

左で紹介しますように、例えば先付や八寸には、昔は婚礼の料理の結び昆布や巻きするめを入れましたが、今は入れないことが多くなりました。これは歴史のある神社では、結婚式の三々九度の際、祝い肴として出されることが多いためです。おめでたい献立ですが、重なると食べる方は飽きますし、価値をわかっていただけませんので、あえて出さないようにしています。

また「吸物膳」に代わって、今では通常の吸物をお出しするようになりました。内容も合わせ蛤ではなく、鯛や紅白餅を使うことで、おめでたい席の料理内容とします。蛤は大きい割には殻が大半で食べるところが少なく、お客様から喜ばれなくなったことが、こうした変化につながっています。

縁起ものの赤飯は、お出ししても箸休め程度にし、食事用には通常の会席料理の献立で出すご飯を出します。食材には鯛や車海老、伊勢海老などおめでたさを感じさせるものを使いながら、最後までしっかりと食べられる内容が求められる、実質的な内容になっています。

## 献立

【先付】いくらみぞれ和え　松葉きゅうり

【八寸】松風　筍土佐煮　梅人参　焼唐墨　海老黄身寿司　枝豆　黒豆

【吸物】紅白餅　焼鯛　紅白結び　亀甲椎茸　木の芽

【向附】鯛　車海老　あしらい

【焼物】伊勢海老黄金焼　帆立蝋焼　焼伏見　小茄子田楽

【煮物】紅白年輪鶏そぼろかけ　姫ねぎ　松葉パプリカ

【箸休め】赤飯　鶏一夜干し

【お凌ぎ】紅白うどん　絹さや　花麩

【揚物】海老紅白揚げ　拍子丸十　万願寺　レモン　あられ塩

【酢物】蒸し鮑　蛸　きゅうり　うど　琥珀酢かけ　みょうが

【食事】しそじゃこご飯

【香物】きゅうり　大根　柴漬け

【水物】メロン　オレンジ　巨峰　ゼリーかけ

三々九度の際の祝い肴と重ならない内容にした先付と八寸。お造りでも鯛や海老などのおめでたい素材を盛り込む。吸物は、食べるところの少ない合わせ蛤にはせず、鯛と紅白餅などでおめでたい席の吸物とした。

焼物は、おめでたい席には欠かせない伊勢海老を、黄金焼きにしたもの。煮物は、紅白年輪にはパプリカなどの洋野菜をのせ、彩りを華やかにする。婚礼の際のご飯に用いられる赤飯は、少量を箸休めにして構成した。

お凌ぎは紅白のうどん。揚物は、海老を紅白の揚げ衣で揚げた。酢の物には、鮑や蛸などの縁起物を入れたものを構成。

最後までしっかりと食べられるよう、ご飯は通常の会席コースと同じものを構成する。おめでたい席の料理として全体にボリュームがあるので、水物は小さく切って盛りつけ、最後まで残さず食べられるよう配慮した。

# 婚礼の折詰

おめでたい席、お祝いの席は、古くから仕出し屋が腕前を発揮する場。婚礼や家の棟上などはその代表例で、90ページから紹介した料理だけでなく、折詰の配達もあります。

折は、家ごとにお渡しするよう数を揃えます。折の大きさは五寸五分が一番多く、五分刻みに大きくなります。昔は棟上のときは取肴と飯の二重折、婚礼のときは羊羹や饅頭をさらに別の折に入れた三重折などもありました。今日ではどの席でも二重折が多くなりましたが、これらの折を紅白の紐で結んでだのが、お祝いの折詰です。

食材は、鯛や海老はもちろんのこと、数の子、子持ち昆布、鯛の子、子持ち鮎など、子孫繁栄を願う縁起のいいものを詰めます。また、かまぼこには赤い色のものを使います。どの献立も、奇数を盛るのが基本です。

おめでたい席の折詰では、飯は赤飯が一般的ですが、寿司も入れたりします。昔から、寿司も取肴の料理も店で作るのが仕出し屋の仕事ですから、寿司を入れた折詰も喜ばれました。ちらし寿司などを組み合わせると、華やかで折の中でもよく色映えます。

お菓子の麩饅頭は、婚礼では「鶴亀」や、左の写真のように「鶴」「亀」が別々のものを入れます。なお、棟上の際には「お多福」の麩饅頭を入れます。

献立

【取肴】
かまぼこ　だし巻　ぐじ若狭焼
さわら幽庵焼　車海老　鯛煮
蛸子　オクラ　麩饅頭（鶴）
子持ち若布　求肥巻　流れ子
栗田舎煮　銀杏　紅葉麩
紅葉人参

【寿司（隅《すみ》切り）】
ちらし寿司　バッテラ
かんぱち　海老　鯛
煮穴子　きゅうり巻　生姜

子持ち昆布、海老、とこぶし、紅白のかまぼこを入れた、婚礼の際の折詰。飯の寿司は、隅切りにして対角に盛り込んだ。なお、京都の折は四隅を丸くしたものが昔からよく使われ、大阪風の真四角な折はあまり使われない。

# 法事の折詰

仕出し屋の、婚礼と並ぶもう一つの大事な仕事が法事の際の仕出しです。

婚礼は前もって日時が決められていますので対応できますが、法事、特にお葬式となると急なことが多いので大変です。昔から、お得意先からの急なご注文は、仕出し屋では〝何ぞごと〟といいました。文字通り、急に何か用ができて仕出しの必要ができたからです。お葬式向けの仕出しの注文は、その〝何ぞごと〟の最たるものです。

101ページの写真は、法事の後に持ち帰ってもらう折詰です。仏事というと白黒を連想されるかたもいらっしゃいますが、正式には「青白」。折詰も青と白の紐で結びます。

献立も仏事に合わせた内容になります。旬の素材を使って季節感を強く打ち出すことは、あまりしないのが一般的です。

上段の取肴では、かまぼこを入れる場合は青（緑）の色が入るものを使います。おめでたい印象の鯛や海老は、なるべく入れません。使う場合でも、海老の場合は〝めでたい〟ことがないことを示すため、必ず目から先を落とすようにします。菓子の麩饅頭は、左の写真のように蓮を形どったものを入れます。

下段にはご飯を詰めますが、寿司の場合は生魚を入れないのが基本。ただし箱寿司、バッテラは使っていいとされます。

### 献立

かまぼこ　だし巻　ぐじ若狭焼
さわら幽庵焼　煮鰯　麩饅頭（蓮花）
スモークサーモン　流れ子
栗田舎煮　銀杏　オクラ
鱧柳川流し　南瓜　椎茸
うど　紅葉麩　人参

【寿司（流し盛り）】
ちらし寿司　バッテラ
巻寿司　生姜

仏事の後に持ち帰ってもらう折詰。上段の取肴には、おめでたい席に使う食材は避けるのが基本。下段は寿司の流し盛り。先にバッテラを入れ、その後にちらし寿司を詰める。上下の折は、青と白の紐で結ぶのが正式な様式。

# 折詰の盛り方

通常の器のように余白を意識した盛り方や、松花堂のように仕切りがある器に盛りる方法と違い、仕切り板のない折箱の中で料理が崩れないようぎっしりと、しかし食べやすく盛るのが、折詰独特の盛り方。仕出し屋独自の技法です。日本人に多い右利きの人が手前左から自然に取り出しやすいよう、原則として「奥の方から」「右の方から」盛りつけます。

**01** 奥半分のスペースに、定番のだし巻き玉子とかまぼこを盛る。折箱自体に高さがあるので、玉子は立体的に重ねて盛る。

**02** 次の列に焼物を盛る。大きなぐじ若狭焼きはスペースに余裕があるかまぼこに、幽庵焼きはだし巻き玉子に、立てかけるように盛る。

**03** 焼物の「壁」手前の右半分に、煮物を盛る。煮物の奥は鯛の煮物。その周りに煮物の野菜類を盛る。

**04** 色合いを見て、青い野菜も詰める。この時はオクラを詰めた。さらに、盛った煮物類にすき間がないよう、微調整する。

**05** ぐじ若狭焼き左の開いているスペースには、鶏の塩焼きを詰める。

**06** 鶏塩焼きの前に、彩りも鮮やかな海老を入れる。赤・黄・緑・白・黒と色のバランスも考えて盛る。

**07** 赤い海老の横に、白っぽい鶴の麩饅頭を詰める。なるべく同じ色の食材が隣り合わないように盛る。

**08** 海老の手前に、子持ち昆布ととこぶしを詰める。これで折箱のほぼ全体に料理が入った。

**09** 煮物の野菜類の上にスペースが空いているので、そこに求肥巻きと栗田舎煮をのせる。

**10** さらに残りの低いところに、紅葉麩と銀杏松葉刺しをのせる。しっかりと詰まっているか微調整して完成。

# 記念日と仕出し

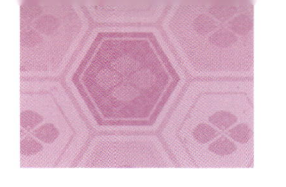

# 敬老の日の弁当

仕出しは、慶事に関連した仕事が多いもの。特に婚礼やお子様にかかわる行事など、仕出しを利用していただく機会はたくさんあります。さらに少子高齢化の今日では、年輩のかたのお祝い事にも目を向けたいものです。

　代表的な人生のお祝い事としては、還暦から白寿まで、節目となる年齢のお祝いがありますが、どのお祝いもおよそ10年に一度くらいのものです。その点、9月第三月曜日の「敬老の日」は、毎年の記念日ですので多くのかたに利用していただけます。

　特に年輩のかたは、油を使う洋食や中華などより、あっさりとして食べ慣れた和食のほうが喜ばれます。その点でも、仕出し屋が大いに注目したい機会です。

　旬の食材に加えて、お得意先のお客様なら好みの献立もたくさん入れるようにします。また、年輩のかたは歯が弱くなりますので、煮物など柔らかいものを中心とするなど、配慮するといいでしょう。

献　立

きす鳴門巻ときゅうりの串刺し
湯葉煮　しめじ煮　三度豆
松葉麸煮　鮑蒸し貝
小鯛笹寿司　松茸ご飯
丸巻き玉子　ぐじ焼　数の子
新銀杏松葉刺し　はじかみ
鱧おかき揚げ　車海老煮
鯛雲丹焼き　新銀杏　松茸煮
酢立菊釜に新イクラ菊花
貝柱蝋焼　車海老煮
うなぎ八幡巻
鴨ロース煮　子持ち鮎鞍馬煮
子持ち昆布　干しこのこ
黄身眞丈

敬老の日に、ご夫婦で楽しめるよう2人分の献立を盛り込んだ弁当。年輩のかたが食べやすいよう、煮物をはじめとして柔らかい料理を中心に盛り込んだ。大きさも、ひと口で食べやすいよう配慮した。

# バレンタインデーの弁当

お節料理や恵方巻きなど、これまで仕出し屋が担ってきた注文が大手外食店やコンビニエンスストアなどに移ってきています。仕出し屋も、逆に大手企業が得意としていたところに目を向けることで、新たな仕出し利用の掘り起こしができるのではないでしょうか。

その代表が、2月14日のバレンタインデー。今日では「女性から好きな男性にチョコレートを贈る日」としてすっかり定着しています。しかしもともと欧米では、男女を問わず恋人や親しい人に花やケーキなどさまざまな贈り物をする日とされ、日本のようにチョコレートを贈る習慣ではなかったそうです。

そこでチョコレートの代わりに、親しい人に感謝の気持ちを込めて、可愛いお弁当を贈るという提案をしてみました。

こうしたヒントはたくさんあります。ホワイトデーはもちろんのこと、例えばワインに合う献立でボジョレー・ヌーボー用の仕出しなども提供していきたいものです。

**献立**

手鞠寿司（鰹、鯛、車海老）
だし巻き玉子　鰆幽庵焼
木の芽味噌田楽
飯蛸　金時人参　梅麸
蕗　筍
たらの芽天ぷら　パプリカ
菜の花ごま和え　つくし

2月中旬は春野菜が出る時期ですので、春野菜を中心にして、女性からの贈り物らしく手毬寿司を入れて可愛らしさを演出する。ワンポイントでハートの飾り切りも入れた。包装のリボンでも可愛らしさを感じさせる。

# 一年のカレンダーと仕出し

仕出しに関連する日をカレンダーから抜き出してみました。日本人のかただけでなく外国のかたにも。あるいは日本の行事だけでなく、日本に入ってきている海外の行事の折にも。さまざまな機会を利用して、仕出し料理を楽しんでいただきたいものです。

| 洋 | 和 | |
|---|---|---|
| | ・正月（1/1〜1/3）<br>・七草（1/7）<br>・小正月・どんど焼き（1/15）<br>・成人式（第2月曜日、またはその前日の日曜日） | 1月 |
| ・バレンタインデー（2/14） | ・節分、恵方巻き（2/3）<br>・初午大祭（最初の午の日）<br>・梅の花見（2月上旬〜3月下旬） | 2月 |
| ・ホワイトデー（3/14）<br>・イースター[復活祭]（春分の日後の最初の満月の日を過ぎた最初の日曜日） | ・雛祭り（3/3）<br>・卒業式（3月上旬〜下旬）<br>・お彼岸（3月20日か21日の前後3日間） | 3月 |
| | ・桜の花見（4月初め〜中旬）<br>・入学式（4月初め）<br>・入社式（4月初め） | 4月 |
| | ・八十八夜（5/2前後）<br>・子供の日（5/5）<br>・母の日（第2日曜日） | 5月 |
| | ・父の日（第3日曜日） | 6月 |
| | ・お中元（7/15 主に関東）<br>・七夕（7/7）<br>・土用の丑の日<br>（7月中旬〜8月上旬。2回の年もある） | 7月 |
| | ・旧盆（13日〜16日）<br>・お中元（8/15 主に関西） | 8月 |
| | ・重陽の節句（9/9）<br>・中秋の名月（9月上旬〜10月上旬）<br>・敬老の日（第3月曜日）<br>・お彼岸（9月22日か23日の前後3日間） | 9月 |
| ・ハロウィーン（10/31日） | ・体育の日（第2月曜日） | 10月 |
| ・ボジョレー・ヌーボー解禁日（11月第3木曜日）<br>・感謝祭（11月第4木曜日） | ・七五三（11/15）<br>・紅葉狩り（11月一杯） | 11月 |
| ・クリスマス・イブ（12/24）<br>・クリスマス（12/25） | ・お歳暮（1/13〜31 関東は初月から）<br>・冬至（12/22）<br>・忘年会（12月中旬以降）<br>・大晦日（12/31） | 12月 |

# 仕出し料理の基本技術

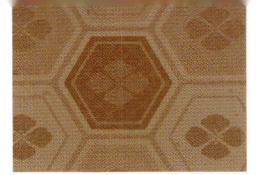

# 基本のだし（一番だし）

仕出しの料理は冷めても美味しいことが大前提なので、料理店のだしとは異なる点があります。それは濾しただしに、吸物だし程度に塩と淡口醤油を加える点。これを基本のだしに使うことで、冷めてもしっかりとした味わいが出せます。仕出し店ならではのだしです。なお、かつお節の量などは店によって異なります。

だしに、濃厚なうま味とコク、風味を出すために、かつお節は血合いを除かないものを使用。

【材料】

| | |
|---|---|
| 水 | 2ℓ |
| 昆布 | 15cm長さ(12g) |
| かつお節 | 30g |
| 塩 | 小さじ1 |
| 淡口醤油 | 小さじ2 |

**01** 昆布は利尻昆布を使う。前の晩から水に浸けておいたものを、昆布ごと鍋に入れて火にかける。

**02** 弱火で沸騰する直前の80℃くらいまで熱したら昆布を取り出し、いったん強火にして、かつお節を入れる。

**03** かつお節を入れたら火を弱火にし、箸を使ってかつお節をやさしく沈める。

**04** 表面に浮いてきたアクをすくい取り、弱火のまましばらく加熱する。

**05** かつお節からだしが出たところで、布をしいたザルにあけて濾す。

**06** 濾して残ったかつお節は、エグ味が出るので絞らない。このかつお節と昆布で二番だしを取る店もあるが、二番だしは下茹でのときにしか使わない。

**07** 濾しただしに、塩をひとつまみ加える。

**08** さらに淡口醤油を足し、吸物程度のだしにする。うっすらと風味をつけただしが、仕出し店の基本のだしだ。

# 精進だし

精進だしには椎茸や大豆の戻し汁など、さまざまな種類がありますが、京都の仕出しで精進だしというと、基本的には昆布を使っただしのことを指します。昆布を水から低温でじっくりと煮出すことで、透明感があって雑味がなく香り高い精進だしにします。昆布は利尻産を使います。

【材料】
利尻昆布 ……………………… 150g
水……………………………… 10ℓ

昆布は、関西でよく使われる利尻昆布を使う。羅臼などは色がつきやすいので、ほとんど使わない。

**01** 水を張った鍋に昆布を入れ、加熱する。

**02** 60～65℃になったら火を調節し、温度を一定に保つ。60～65℃を正確に保てるよう、温度計で測りながら煮出す。

**03** 60～65℃に保ったまま、1時間くらい煮る。その間、混ぜたり水を足したりはしない。

**04** 1時間煮出したら、濾して完成。残った昆布は、塩昆布などにする。

## 椎茸だし

椎茸を煮出しただしも精進だしです。椎茸単独より、戻した椎茸を昆布だしに入れて煮出すことが多く、これは煮物や吸物など実に椎茸が入るときのみに使われます。

**01** 干し椎茸は、水に浸けて戻す。戻し汁はエグ味があるので使わない。

**02** 戻した椎茸は、軸を除いてから水に入れ、火にかける。

**03** 沸騰したら弱火に落とし、煮てから濾す。

# だし巻き玉子

弁当や折詰をはじめ、仕出しにおける基本の献立の一つがだし巻き玉子です。「二杯巻き」「四杯巻き」など、卵液を入れる玉杓子の数で大きさを表します。京都のだし巻き玉子は、だしの割合が多いのが特徴。巻きやすいよう、ほとんどの店では手前から巻きます。通常は四角か小判型に巻きますが、写真のように三角に巻く店もあります。

【材料】

| | |
|---|---|
| 卵………………………………………… | 1 |
| だしに淡口醤油・浮き粉を合わせた調味液 ……………………………… | 1 |
| 油……………………………………… | 少々 |

**01** 熱した鍋に油を薄くしく。鍋は、昔は熱伝導が良い銅製だったが、現在はアルミかテフロン製の鍋が多い。

**02** 卵液を流す。卵液は、卵とそれ以外の材料の合計が1対1が基本。浮き粉は保水力を高めるため。浮き粉代わりに葛粉を入れる店もある。

**03** 半熟状になったら、鍋の手前から向こう側に巻いていく。

**04** 巻いたら手前に戻し、箸で押さえて締める。芯になる部分をきっちり締めると、後が巻きやすい。

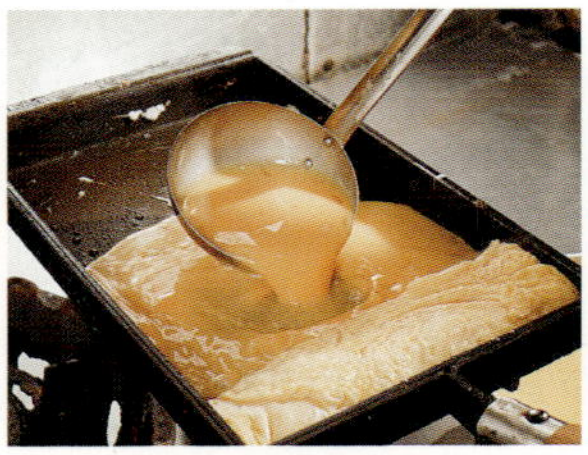

**05** 鍋の空いた部分に油をしき、二度目の卵液を流す。巻いた玉子を浮かせて、底にも卵液を行き渡らせる。

**06** 卵液が半熟状になったら、巻いた芯の部分に箸をさし、鍋をあおりながら奥に向かって巻いていく。

**07** 巻き終えたら、再び鍋の手前に戻し、空いた部分に油をしく。

**08** 三度目の卵液を流す。熱で気泡ができるので、箸でつぶしながら半熟状にする。

**09** 巻いた玉子の奥側を持ち上げ、卵液を底の部分に行き渡らせる。

**10** 巻いた玉子に箸をさして、再び奥に巻いていく。焦がさないよう注意する。

**11** 「二杯巻き」は、奥まで巻いたら終了。写真のように、この店では三角に巻けている。

**12** 巻き簾に取り、「コ」の字型の木枠に落とし込む。そのまま冷ますと四角に、冷ましてから巻き簾をゆるめると、小判型になる。

# さわら味噌漬け焼き

【材料】

| | |
|---|---|
| さわら | 適量 |
| | |
| 味噌床 | |
| 白粒味噌 | 適量 |
| みりん | 適量 |
| | |
| 酢どり茗荷 | |
| 丸十蜜煮 | |

京の白味噌を使った味噌床で魚を漬け込み、焼いた料理で、他地域では「西京焼き」と呼ばれますが、地元・京都では単に「味噌漬け焼き」と呼びます。味噌床は、味噌をみりんで柔らかくなる程度にのばしてから用います。使う味噌は店によってさまざまで、写真のように白粒粗味噌を使う店もあります。

**01** さわらは切り身にし、塩をし、しばらく置いて浮いた水けを拭く。切り身にしない場合もある。

**02** 白粒味噌とみりんを合わせた味噌床をバットにしき、その上にさわらをのせる。

**03** さわらにガーゼをのせ、その上から味噌床で覆う。ひと晩置いたら取り出し、こんがりと焼いて器に盛り、酢取り茗荷、丸十蜜煮を添える。

# 東寺湯葉

【材料】

| | |
|---|---|
| 湯葉 | 1枚 |
| あなご(白焼きしたもの) | 2切 |
| 海老(下茹でしたもの) | 1尾 |
| 銀杏(殻から出して茹でたもの) | 適量 |
| 百合根(下茹でしたもの) | 適量 |
| 木耳 | 少々 |
| | |
| だし | 120cc |
| 菊花 | 適量 |
| 淡口醤油 | 小さじ½ |
| みりん | 小さじ1 |
| 葛粉 | 適量 |

京都を代表する食材の湯葉。8世紀の平安京に建てられた東寺で湯葉が作られたことから、「東寺」は湯葉を使う料理とされます。そして東寺湯葉とは、湯葉でさまざまな食材を包んで揚げたもので、東寺巻きとも呼ばれ親しまれています。ここでは秋の味覚を湯葉で包み、菊花あんで楽しませます。

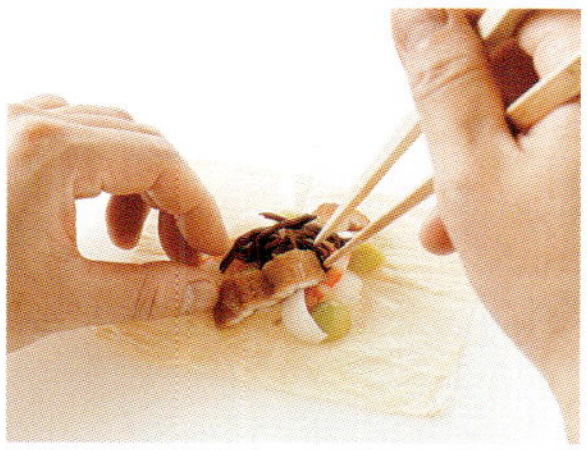

**01** 湯葉は二番だしに浸けて戻し、まな板に広げ、下ごしらえをした材料を中央にのせる。

**02** 四方の端を持ち上げ、材料を包み込み、端を楊枝などで留める。

**03** そのまま油で素揚げし、油をきる。調味しただしで軽く煮て味を含ませ、器に盛り、菊花あんをかける。

# 海老芋煮

数ある京野菜の中で、冬の煮物によく用いられるのが海老芋です。その名の通り、海老に似た形をしています。食感はきめ細かく、ねっとりとしています。ここでは鍋で煮る手法を紹介しますが、煮汁に入れたまま蒸し器で蒸すことも多いようです。また使う調味料もさまざまです。

【材料】

| | |
|---|---|
| 海老芋 | 7個 |
| 一番だし | 1ℓ |
| 昆布 | ½枚 |
| 淡口醤油 | 40cc |
| みりん | 30cc |
| 砂糖 | 大さじ2 |

海老のような形が特徴。京都以外に、静岡・磐田や大阪・富田でも作られている。

01 泥をよく洗い落とし、繊維質で硬い尾の部分を切り落とす。

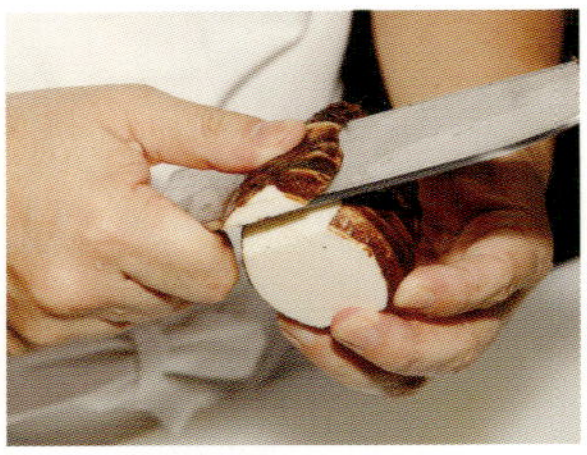

02 皮に近い部分も硬く筋張っているので、厚めにむき取る。

03 きれいな六方にむくと、仕上がりもきれいに見える。

04 皮をむいたものは、変色しないよう、よく水にさらす。

05 米の研ぎ汁と白く仕上げるための酢を少々加た中に海老芋を入れ、火にかけて竹串がすっと入るまで下茹でする。

06 火が通ったら、よく水にさらす。

07 鍋に昆布をしき、茹でた海老芋を入れる。

08 さらに、カツオ昆布だしを注ぐ。

09 淡口醤油を加える。店によっては醤油を加えないところもある。

10 さらに、みりんと砂糖を加える。

11 火にかけて、芋が割れるまで味を煮含める。割れるくらいの芋の方が美味しいという。

12 煮えたら冷ます。味は冷める時に素材に入るので、鍋ごと氷水に当てて一気に冷ます。

# 南瓜煮

かぼちゃは夏場の煮物に使われる素材。ここでは国内産で色がきれいな「えびす南瓜」を使っています。一般的には皮を少し残して仕上げることが多いのですが、この店のように、食感を重視して皮を完全に取る店もあります。鮮やかな黄色を活かすため、醤油は垂らす程度に使います。

ほとんどが国内産の「えびす南瓜」。皮が黒く、中の肉が鮮やかな黄色なのが特徴。

【材料】

| | |
|---|---|
| えびす南瓜 | 200g |
| 水 | 200cc |
| 一番だし | 200cc |
| 淡口醤油 | 数滴 |
| 砂糖 | 大さじ3 |

**01** かぼちゃは4分の1にカットし、中の種とワタをスプーンなどでかき出す。

**02** 種をとったかぼちゃは、まず横に切り、切ったものを食べ良い大きさに切り揃える。

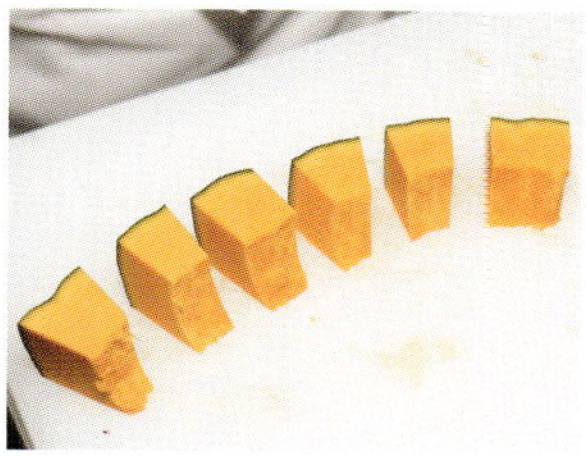

**03** 横に切るのは、極力大きさを揃えるため。大きさを揃えると火の入りや味が均一になる。

**04** 皮は硬く、果肉と火の入り方が違うので、皮は全てむいてしまう。

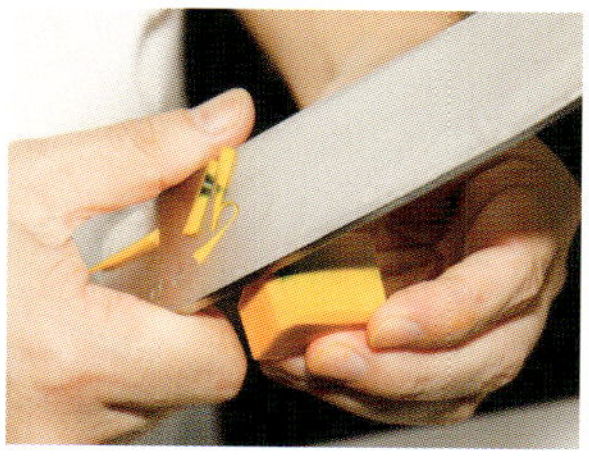

**05** 煮崩れを防ぐために、面取りをする。

**06** 面取りまで済ませたら、一度水にさらす。

**07** 水を捨て、同割りの一番だしと水を鍋に入れる。

**08** 醤油を加える。かぼちゃの黄色を活かしたいので、醤油はポタポタと垂らす程度。

**09** 砂糖で甘さをつける。みりんは入れない。

**10** 火にかける。中火で煮て、かぼちゃが表面に上がってきたら火から下ろす。

**11** 火から下ろしたら、氷水に鍋ごとあてるなどして、一気に冷まし味を入れる。

# 昆布巻き

弁当、折詰やお節料理には欠かせない、馴染み深い一品です。通常は2〜3日かけて仕込む、非常に手間のかかるものですが、市販品を使うこのと多い家庭のかたには、あまり知られていません。京都の仕出し屋では、こうした伝統的な一品にも手間をかけ、店独自の味を大切にします。

【材料】

| | |
|---|---|
| 日高昆布 | 3枚 |
| サーモン | 150g |
| 酒 | 適量 |
| 淡口醤油 | 約130cc |
| 砂糖 | 約150g |
| 水 | 適量 |

**01** 1日目。水で昆布をもどし、繊維に直角に切る。昆布を浸けた水は、だしとして取っておく。

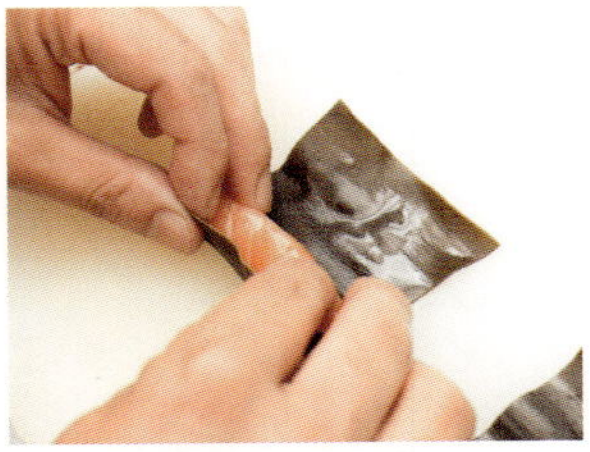

**02** 芯の食材をのせて巻き、さらにもう1枚の昆布で巻く。竹皮などで結ぶ。巻くときは昆布の繊維に並行に巻く。

**03** 鍋にしき詰め、1で取っておいた昆布だしを入れ、夏は3〜4時間、冬は冷蔵庫で一晩置く。

**04** 2日目。だしだけを鍋に移して煮立て、浮いてきたアクをていねいに取り除く。

**05** 昆布巻きの方は新しく水を張り、落とし蓋をして煮立て、浮いてきたアクをていねいに取り、火を止める。

**06** 昆布の水をきり、取り出して流水に当てながら、昆布についたアクや汚れを洗い落とす。

**07** 再び鍋にしき詰める。銅鍋で炊いたり、なければ下に銅線などをしくと、昆布の色を緑色に煮上げることができる。

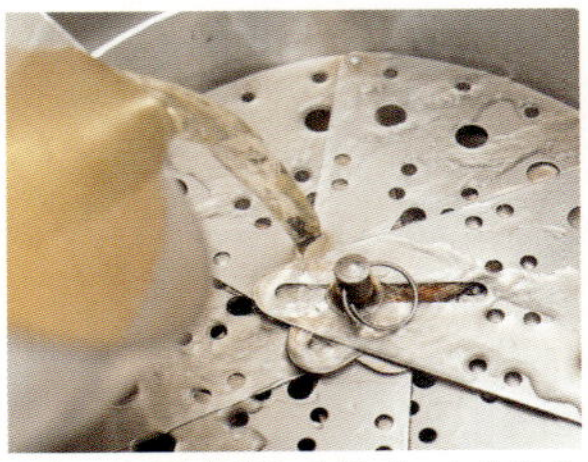

**08** 4の昆布だしを注ぐ。水をひたひたになるまで足し、アクを取りながら炊く。

**09** 細い串をさし、手ごたえなく通るほどに茹でたら、酒、砂糖を加え10分ほど炊き、最後に醤油を少しずつ足していく。醤油は本来は濃口が多いが、昆布の緑を出すため、ここでは淡口を使っている。

**10** 3日目。再び温めたら、味を見て冷まし、再び温めて味見し、足りない味を足す。これを3回繰り返して仕上げる。

# 若竹煮

京都の春を代表する食材の筍。京都西の近郊の朝掘りの筍は、身が白くて甘みが強く、全国でもブランド筍としても知られています。その筍を使った若竹煮です。甘みのある京筍を活かすため、京都の若竹煮は砂糖やみりんを使わない店も多く見られます。下茹での手法と共に紹介します。

【材料】

●下茹で
筍…………………… 適量
米ぬか……… 筍の1割
タカノツメ ……… 数本

●若竹煮
筍(下茹でしたもの)
…………………… 適量
だし…………… 適量
淡口醤油………… 適量
わかめ…………… 適量

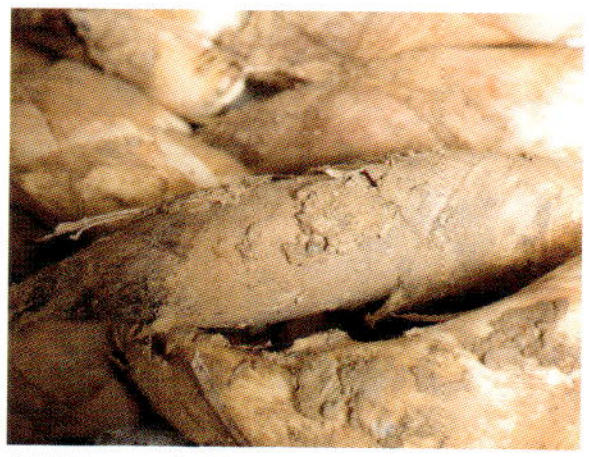

朝掘りの京筍。身は真っ白で、エグ味がなく甘みが強いのが特徴。

**01** 筍の下茹で。筍に火が入りやすいよう、また茹でた後皮をむきやすいよう、頭を落とし縦に切れ目を入れる。写真のように、土つきのまま作業を行う店もある。

**02** 筍を鍋に入れる。小さな筍で鍋に余裕があるときは、先端は落とさず丸のまま下茹でしてもよい。

**03** 米ぬかを筍の1割ほど入れる。

**04** タカノツメを入れる。

**05** 水か米のとぎ汁を入れる。米ぬかがない場合は米のとぎ汁を使うと、同様の効果を得られる。落し蓋をして30～40分茹でる。

**06** 時々様子を見て、根元の固い部分に串が軽く刺さるまで茹でる。

**07** 茹だったら、鍋に入れたまま茹で汁に手が入れられるくらいまで置く。「湯どめ」という。湯どめした筍は、皮をむいて食べやすい大きさに切る。ぬか臭さを抜くために水からさっとひと煮立ちさせる。「清湯」という。

**08** 調味しただしに切った筍を入れ、味を煮含める。わかめは、筍とは別炊きにして最後にさっと煮合わせることが多い。最初から一緒に煮ると、筍から出る成分の作用でわかめが黒くとろとろになり、箸でつまめなくなるが、味としてはとろとろに煮たほうが美味しい。

# ごま豆腐

精進料理では、昔から必ずといっていいほど入るのがごま豆腐です。ごまを煎って油が出るまですり、材料を合わせて鍋で焦がさないように練ります。機械のなかった頃は、この一品で半日以上かかる仕事でした。今は便利な機械がありますが、それでも時間と根気がいる料理です。

【材料】

| | |
|---|---|
| ごま | 1 |
| 葛粉 | 1 |
| 水 | 8 |
| 酒 | 少々 |

01 ごまは弱火にかけ、絶えず混ぜながら煎って、爆ぜる手前で止める。大きなお寺では週に何度も食べる機会があるので、飽きさせないよう金ごまを混ぜるなど、ごまの配合を変えることが多い。

02 煎ったごまはフードプロセッサーで回す。滑らかになるまで、1時間くらい回す。手作業だと半日かかる。

03 すったごま、水、葛粉を合わせてよく溶かす。上記配合の割合は変えず、葛粉にわらび粉を加える店もある。

04 ミキサーに移し変えて回す。ごまの皮の内側にある胚乳部分と葛粉の粒々を、完全に溶かし込む。

05 目の細かい濾し器で濾して鍋に入れる。ごまの皮を濾すと、口当たりがなめらかになる。

06 火にかけて、木杓子で絶えずかき混ぜる。最初は強火。

07 10分ほどすると、硬くなり始める。ここから中火より少し弱火に落とし、25分ほど練る作業に入る。

08 酒を加える。酒が入ると、味わいがマイルドになる。

09 火が当たったところから焦げていくので、鍋肌に付いたところを落としながら、絶えずかき混ぜる。

10 練ることで、葛に弾力が出る。弾力を感じるようになったら、火から下ろす。

11 手早く流し缶に流し、空気が入らないようラップをぴっちりとかけて冷ます。

# 白和え

## （柿の白和え）

豆腐を和え衣にする白和えも、ごま豆腐と並んで精進料理を代表する献立の一つ。酢を加えて白酢和えにしたり、ごま酢和えにしたりもします。具材としては、こんにゃく、椎茸、れんこん、銀杏。それに、酢が入るときは大根を、酢が入らないときはさつま芋を加えたりします。

【材料】

| | |
|---|---|
| 豆腐 | 1丁 |
| 干し椎茸（昆布椎茸だし、淡口醤油、みりんで煮たもの） | 5枚分 |
| 柿 | $\frac{1}{2}$個 |
| 大根 | $\frac{1}{4}$本 |
| 練りごま | 適量 |
| 酢 | 少々 |
| 砂糖 | 適量 |

01 豆腐は、3時間ほど重石をして耳たぶほどの固さにし、ほぐしておく。

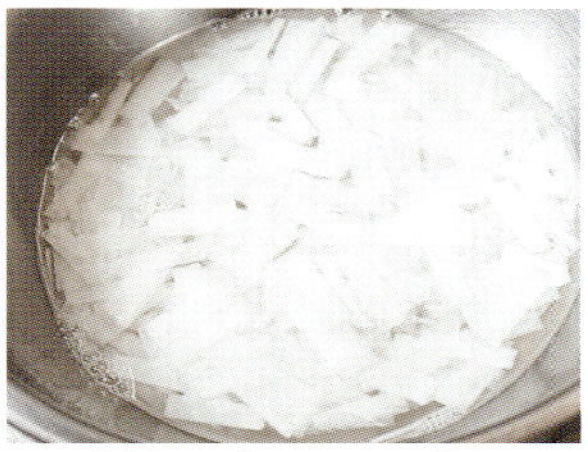

02 大根は、皮をむいて薄切りにし、5ミリ幅ほどに切る。3%の塩水に浸け、しんなりさせてから水けを絞る。

03 柿は、皮をむいて大根と同じ大きさに切る。

04 干し椎茸は、水で戻してせん切りにし、昆布椎茸のだし、みりんと淡口醤油で炊く。

05 1の豆腐は、裏漉しにかけてなめらかにする。

06 豆腐をすり鉢に入れ、さらになめらかになるまでする。

07 練りごま、酢、砂糖を加えて混ぜる。

08 同量の2、3、4を、水けを固く絞って和え衣に加える。

09 さっと和える。混ざったら器に盛る。

# 鯛アラ炊き

京都の仕出しでは、鯛のアラ炊きなどが一品料理として家庭から注文が入ることもあります。単純なようでいて、アラ炊きの作り方も店によって個性があります。先に地を作ってアラを入れる店やそのつど味つけする店、濃口醤油を使う店や使わない店、みりんを入れる店や入れない店などさまざまです。

【材料】

| | |
|---|---|
| 鯛のアラ | 1尾分 |
| 水 | 適量 |
| 酒 | 適量 |
| 砂糖 | 1杯半 |
| 溜り醤油 | 適量 |
| 濃口醤油 | 溜り醤油と同量 |
| みりん | 適量 |

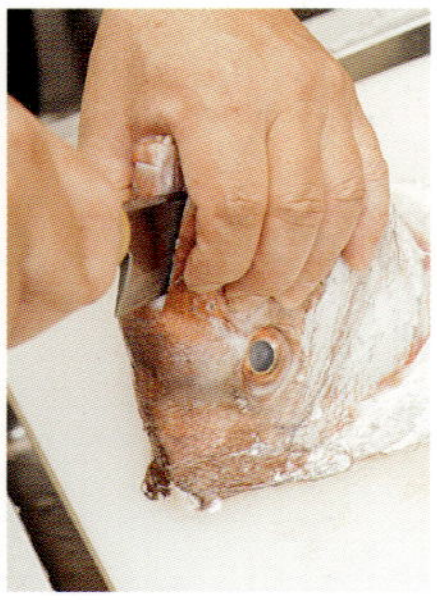

01 頭を梨割りにする。前歯の間に庖丁の刃を入れて切ると、強い力を入れなくてもおろせる。

02 開いて半分にしたら、胸ビレを切り落とし、カマを切り離す。

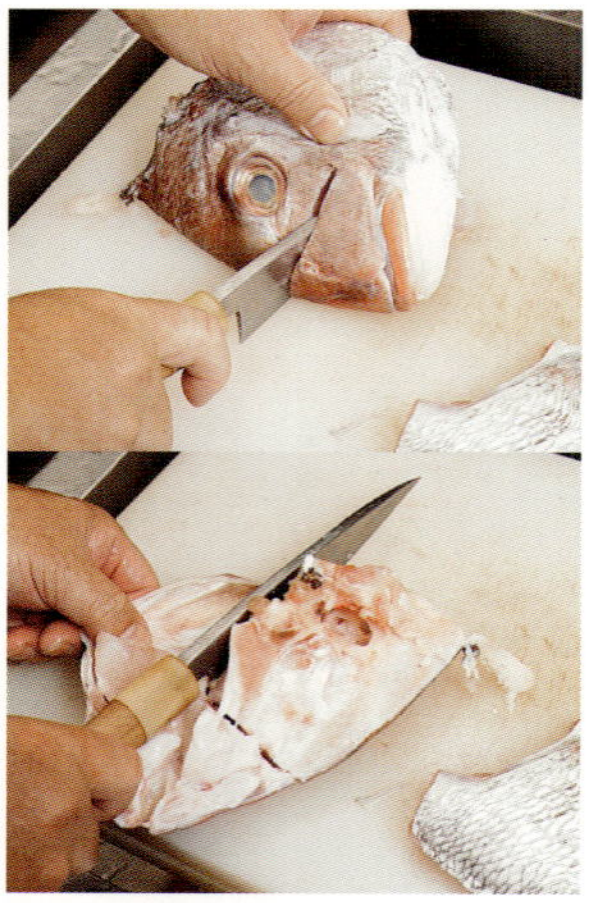

03 頬の柔らかいところに庖丁の刃を刺し込み、目を中心に四角形になるように切る。鯛の頭は、この切り方が大事。

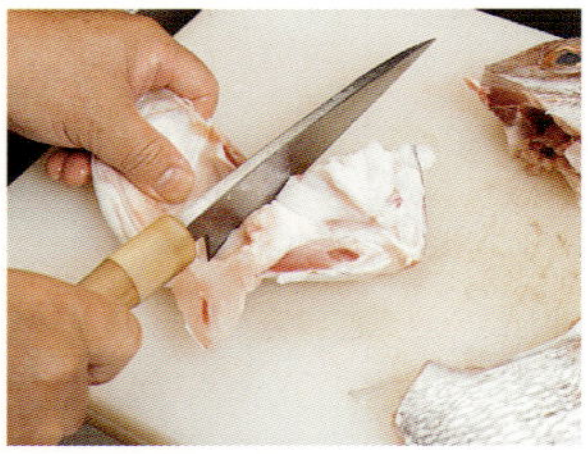

04 口の周り、目の下などを切り離し、カマの部分を含めて四つの部位に切り離す。

05 切ったアラは、沸騰した湯にくぐらせて霜降りにする。旨味が流れるからと、霜降りにしない店もある。

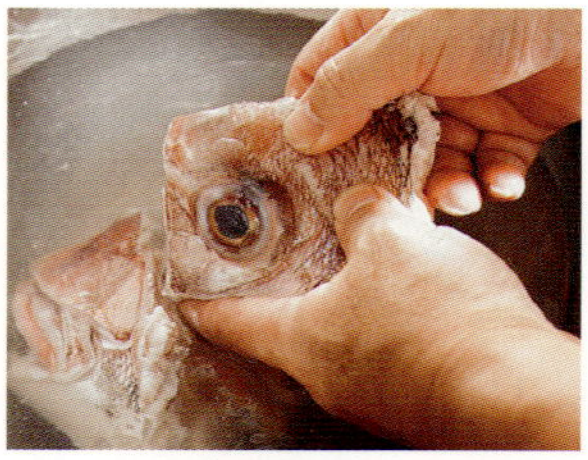

06 すぐに水に落とし、血や汚れ、ウロコなどをよく取り除く。

07 鍋に入れる。鍋に材料をどのように入れるかを「鍋割り」というが、それが上手だと、鍋の中で材料が暴れず、きれいに炊ける上、調味料も少なくて済む。

08 水と酒を加えて強火で煮る。アクはすぐに取らず、しっかり出るまで待ってから取る。アクを除いたら、砂糖を加えて少し煮る。

09 醤油はすぐには入れず、味を見てから加える。溜り醤油だけの店はあるが、濃口醤油だけという店は少ない。

10 みりんは一番最後に加え、味が決まったら落とし蓋をし、煮汁が鍋の中で回転するくらいの火加減で20分ほど煮る。数は少ないが、みりんを入れない店もある。

11 ある程度煮えたら、味を見て醤油を足すこともある。煮上がったら崩さないよう注意し、元の顔のようになるように盛りつける。

# 鯖寿司

京名物の一つにされる鯖寿司。仕出しでも人気の高い一品で、昔はおろした鯖、塩をした鯖、酢で締めた鯖などさまざまな鯖を仕出し屋に注文し、家庭で作る地域もありました。現在は多くの店で売られていますが、塩の仕方、合わせ酢、身の落とし方など、各店によって個性があります。

【材料】1本分

真鯖……………………………………1本
塩………………………………… 適量
合わせ酢……………………… 適量
酢飯 ……………………………2合分
白板昆布(甘酢煮)………………1枚

01 鯖はエラの後から頭を落とし、内臓を出して水洗いし、三枚におろす。

02 まな板に並べ、身が見えなくなるくらいまで塩をする。皮目にも塩をする。一晩置く。

03 店によっては、塩を入れたバットの方に鯖を押しつけて塩をするところもある。

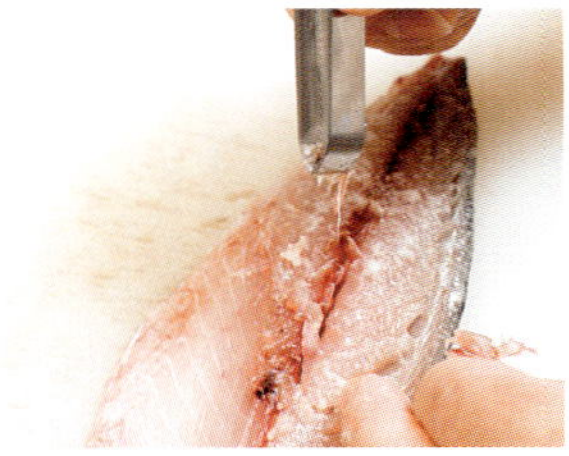

04 水洗いして塩を落とし、腹骨、中骨を取る。塩は水洗いしない店もある。

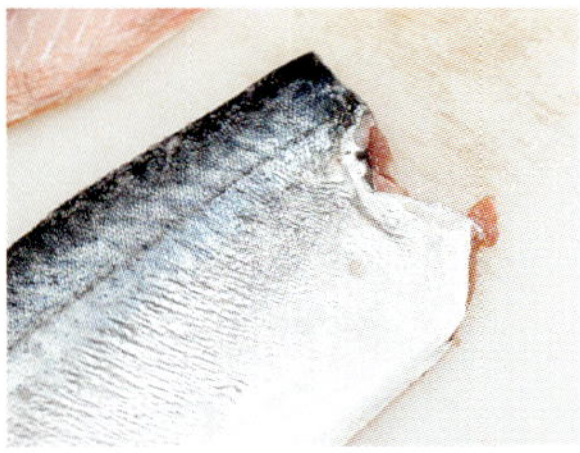

05 頭の方に残る骨を取る。横一文字に落とす店もあるが、写真の店は身を残して寿司にする。

06 合わせ酢に浸ける。この店では前日使った酢の汚れを除いて合わせ酢を足して使用。浸け時間も各店で異なる。

07 浸け終えた鯖は水けを拭き取り、表面の薄皮をはぐ。

08 足し身のため、背側と腹側の身をV字に取る。背側だけの店もある。この窪みのため、酢飯がずれない。

09 布巾に鯖をのせ、尾の横の部分に8の足し身をのせ、全体が長方形になるよう形づくる。

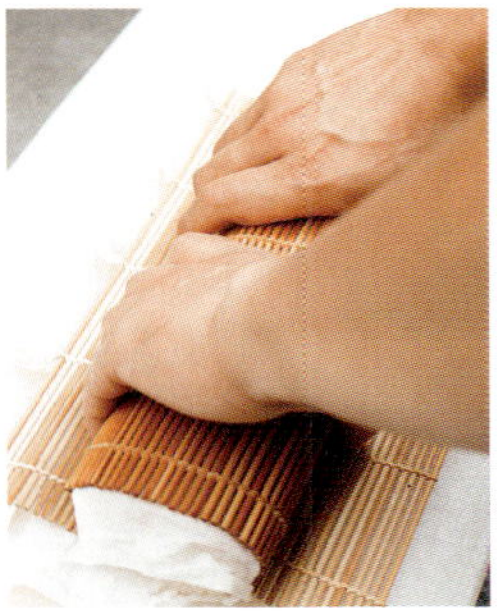

10 酢飯を練って空気を抜き、鯖にのせて布巾で包み、巻き簾で巻いてしっかりと締め、鯖と酢飯を密着させる。

11 鯖の皮目に鹿の子に庖丁目を入れ、白板昆布の甘酢煮を、汁けを拭いて貼り付ける。

# 京野菜のカレンダー

京都は、市内でも繁華街を少し離れただけで畑が見えるように、古くから農業が盛んです。京野菜としてブランド化された野菜も豊富で、季節に応じた味わいを楽しめます。その野菜の美味しさをさまざまに活かす技術も、京都の仕出し料理の特徴です。

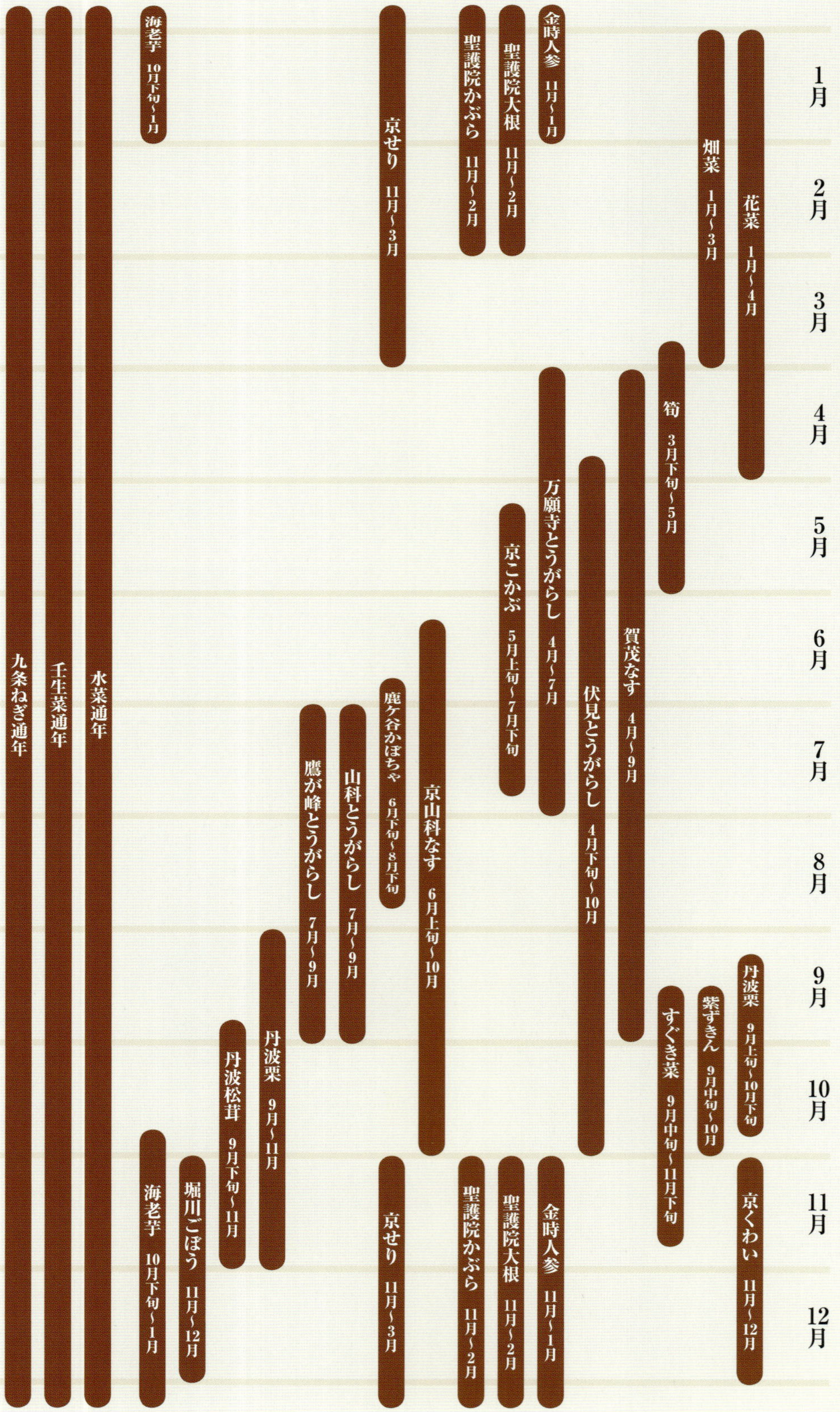

# 旬の味と伝統的な
# 献立十二カ月

# 毎月のお菜と、決まった日のお菜

京都では、家庭で食べるおばんざいには「決まった日・月に食べるお菜」があります。その多くは、縁起をかついだものであったり、時季の食材を無駄なく味わうためであったりします。

## 月末

たとえば毎月のことでは、月末になると「おから」を食べます。

おからは庖丁を使わずに調理できることから、別名「きらず」ともいいます。その名称から、翌月も「お金が切れない」という縁起をかついで食べるという説。あるいは、おからは調理した後、流し台をきれいに拭き取っても必ずどこかに残っているため、「お金が残る」という縁起をかついだという説もあります。

## 8のつく日

また、8のつく日（8日、18日、28日）には「あらめとお揚げの炊いたん」を食べます。あらめとは昆布科の海藻で、わかめより粗く「荒目」と書いたことら名づけられたといわれる海草です。栽培ができず、伊勢志摩近辺が産地です。

## 1日と15日

さらに、1日と15日には小豆ご飯を食べます。

あらめとお揚げの炊いたん、小豆ご飯は、なぜその日に食べるのかは分かっていません。しかしいずれも、長い歴史の中で生まれ、伝えられてきた庶民の生活の知恵といえる習慣です。

## 年末年始

月ごとの料理といえば、12月や1月に食べる棒鱈、3月や4月に食べるうどのきんぴら、6月の水無月豆腐、7月の鱧寿司…などさまざまにあります。

棒鱈は、今では正月のお節料理によく入れられますが、昔は春・秋のお月見のときも食

べられました。月見のお供え物としては、団子を供えるのが一般的です。しかし貧しい昔は地域によっては団子も高級品だったところもあり、その場合、団子の代わりに里芋（御手洗［みたらし］芋）を供え、芋に添えるものとして棒鱈を使ったといわれています。

## 3月、4月

うどのきんぴらは、春が旬のうどを用いるとき厚くむいた皮が出ますので、その皮を利用して作ったものです。京都では、全てにおいて端から端まで無駄なく使うことを〝始末〟するといいます。日常の食生活でも食材を始末して使うという意識から、こうした習慣が生まれたのでしょう。

## 6月

旧暦6月は水無月ともいいますが、その水無月にちなんで水無月豆腐を食べます。

宮中行事の夏越祓（水無月祓ともいう）で、残りの月日の無病息災を願います。その際に用いられるのが、小豆を入れて三角に切った外郎です。つまり、元々は和菓子なのですが、それを葛豆腐で似せて食べたのが、水無月豆腐というわけです。

## 7月

この時季に食べるのが、鱧寿司です。7月一月間をかけて行われる祇園祭りの祭りの際によく食べられている料理の一つです。

## 9月

棒鱈の項目でもご紹介しましたが、9月の月見の際に芋を供えるところもあります。このことから、「芋名月」と呼ばれます。

## 12月

冬至にかぼちゃを食べるのは、全国的な風習です。食べると中風避けになるといわれるほか、人が成功するには「運・根・鈍」の三拍子が必要というい われがあり、その「ん」が2つつく食べ物の「なんきん」を、この時季に食べるのがよいとされたという説もあります。

これら以外にも、決まった日・月の料理はたくさんあります。そして、それらの多くは主におばんざいで出されるものです。したがって、京都の仕出しでは献立に入れることはあまりありません。使うとしても、ワンポイントで入れる程度のものです。しかしこれも京都の大切な食文化なので、知っておき、大切に残していきたいものです。

| 6月 | 5月 | 4月 | 3月 | 2月 | 1月 | |
|---|---|---|---|---|---|---|
| 水無月豆腐 | 枝豆豆腐 | 筍木の芽和え | 赤貝のてっぱい | 畑菜の辛子和え | 海老芋と棒鱈(芋棒) | 一品料理 |
| 鮎寿司 | 粽寿司 | さくら寿司 | ちらし寿司 | 稲荷寿司 | 蕪寿司 | 寿司 |
| 豆ご飯 | 筍ご飯 | 鯛ご飯 | あさりご飯 | ほたての飯蒸 | 小豆ご飯 | ご飯 |
| 水無月眞丈 | 鯛潮汁 | 若竹 | 白魚豆腐 | 蓮根餅 | 蛤眞丈 | お椀 |
| 鮎 | 鰹 | あぶらめ | 鱒 | 鰤 | 鰆 | 季節の魚 |

| 12月 | 11月 | 10月 | 9月 | 8月 | 7月 |
| --- | --- | --- | --- | --- | --- |
| 茹で蟹 | 川魚料理 | 鯛の料理 | 蛸の料理 | 鮑等の貝料理 | 鱧おとし |
| 蒸し寿司 | ひらめ昆布寿司 | 鯖寿司 | ぐじ寿司 | かます寿司 | 鱧寿司 |
| かやくご飯 | 栗ご飯 | 松茸ご飯 | しめじご飯 | とうもろこしご飯 | 生姜ご飯 |
| 粕汁 | ○豆腐 | 松茸土瓶蒸し | 萩眞丈 | 魚そうめん | 鱧豆腐 |
| 鱈 | ひらめ | 鯛 | ぐじ | かます | 鱸 |

# 毎月の一品料理

108ページでご紹介したおばんざいは、基本的には家庭や居酒屋などで作るお菜。仕出し屋で料理人が作る特別な料理とは少し異なり、ごく庶民的でさっと作れる、手軽な内容の料理が多いものです。

それでも中には、京都に根づいた伝統料理や、旬の食材を使ったその時季ならではの贅沢なものもあります。そうした料理は、大きめの器に盛って仕出しの一品料理としても出したり、少量を会席料理の献立に入れたりすることもあります。

旬の走りの素材、旬が短い素材や、希少な素材を使った料理もあります。特にそのような料理は、長年食べ続けて来られた年輩のかたには、折々で食べないと季節がやって来ない、というかたもいらっしゃいますので、素材の確保がたいへんになります。

毎年、月ごとに出される料理はたくさんある中で、ここでは各月を代表する料理を紹介しましょう。

## 芋棒

一月

棒鱈と海老芋の煮物。棒鱈は、冬の冷たい水を毎日替えながら、一週間かけて戻し調理に用いる。鱈と海老芋は出会いもので、芋のでんぷんで鱈が柔らかくなり、鱈のニカワ質で芋の煮崩れが防げるといわれる。

作り方の解説
P.142

## 畑菜辛子和え

二月

初午の日に、必ず出される料理。畑菜は、江戸時代の頃に油を取るために栽培された野菜で、現在は伏見区などで栽培されている。1～2月頃に出回り、葉野菜が少ない時季に重宝された。

作り方の解説
P.142

## 赤貝のてっぱい

三月

雛祭りの頃、献立にのぼる貝料理の一品。てっぱいとは「鉄砲和え」が訛ったもので、関東でいう「ぬた」のこと。新鮮な赤貝を細造りにし、ねぎと共に白味噌、酢、辛子で和える。

作り方の解説 P.142

## 筍木の芽和え

四月

春を代表する筍料理。すりつぶした木の芽と白味噌などで木の芽味噌を作り、下味をつけた筍を和える。筍は甘みの強い根に近い部分を使う。香り豊かな木の芽味噌と筍の甘みが、春の息吹を感じさせる。

作り方の解説 P.143

## 枝豆豆腐

五月

初夏から始まる枝豆を使った葛豆腐。夏を控え暑さを感じ始める時季に、翡翠色の豆腐で涼しさを感じさせる。葛をだしで溶いて火にかけ、粘りが出たら、茹でて裏漉しした枝豆を加えて調味し、冷し固める。

作り方の解説 P.143

## 水無月豆腐

六月

123ページでも紹介したように、外郎と小豆で作る和菓子の水無月を模し、旧暦の6月に食べる料理。ごま豆腐や養老豆腐を作り、缶に流して上に茹でた小豆をのせて冷し固める。三角に切って器に盛りつける。

作り方の解説 P.143

## 鱧おとし

七月

夏の風物詩、鱧の基本料理。細かく骨切りした鱧は、煮立った湯に皮目から落とし、身の余分な脂を落として引き上げる。食欲の落ちる時季なので、つけ醤油と梅肉も添え、柔らかな酸味でも味わう。

作り方の解説 P.144

## 鮑そうめん

八月

氷の演出と共に、夏場に涼感を感じさせる、贅沢な鮑のそうめん。鮑を生のまま桂むきにし、葛粉をつけて茹でる。麺つゆは葛でとろみをつけ、鮑そうめんと共にグラスに入れた。中央は鮑の肝の塩焼き。

作り方の解説 P.144

## 蛸やわらか煮

九月

身のしっかりとした明石産の蛸を、圧力鍋を使い、やわらくあっさりと炊いた煮物は、一品料理でも会席料理の献立としても喜ばれる料理。かぼちゃ、湯葉、小芋などと共に盛り合わせる。

作り方の解説
P.144

## 鯛アラ炊き

十月

鯛の旬は春といわれるが、明石産の鯛は秋が旬。餌を食べて脂がのった明石鯛の頭を、甘辛く炊いた。炊き上がりには、器に頭の形に戻して盛りつける。会席料理には出さないが、一品料理として注文されることも多い。

作り方の解説
P.118

## 子持ち諸子鞍馬煮

十一月

晩秋から冬の頃から登場するのが川魚。特に、京都では琵琶湖名物といわれる子持ち諸子は珍重され、3月頃までの献立によく上る。塩焼きや、山椒の名産地にちなんだ鞍馬煮などの煮物にもされ、お節料理に入れることも多い。

作り方の解説
P.145

## 茹で蟹

十二月

冬のご馳走の代表格。日本海にも面している京都では、蟹といえば山陰から届く松葉蟹。茹でたものは身離れがよく、甘みも強い。二杯酢または三杯酢で食べる。

作り方の解説
P.145

# 毎月のお椀

会席料理では、お椀は一汁三菜の一品。通常は、先付とお造りの間に出しします。ご飯と共にお出しする汁ではなく、酒の肴とされますので、基本は澄まし汁です。お弁当も、豪華なものになるとお椀がつきます。

春の若竹煮や秋の松茸土瓶蒸しのような伝統料理もあれば、その時々のご注文で趣向を凝らした内容をお出しすることもあります。しかしどの月もお椀でも、旬の素材を上手に使い、華やかな盛りつけで季節を感じさせるよう心がけることが大事です。

配達が基本で、冷めても美味しいのが仕出し料理でも、お椀だけは常に温かい状態で味わっていただくもの。そのため、配達先が近場なら直前に作ってそのままお届けして直前に盛りつけ、時間がかかるようなら台所をお借りして温めるか、お客様に温めていただくなどの配慮が欠かせません。台所はガス台をお借りするだけですが、店とは勝手が違いますので注意が必要です。

## 一月　蛤眞丈

寒い時季から春先までが旬の蛤。蛤を使った椀種には、神馬草を添えるのが習わし。神馬草とは海草のホンダワラのことで、地方によっては銀葉草やギサバなどとも呼ばれる。プチプチした食感が特徴。

作り方の解説 P.145

## 二月　蓮根餅

冬に旬を迎える蓮根を使い、寒い月には蓮根饅頭にのお椀が出される。蓮根は酢水で茹でて色止めし、すりおろして丸める。海老などを射込むこともある。油で揚げて形を作り、油抜きをして椀種にする。みぞれ汁で楽しませる。

作り方の解説 P.146

## 白魚豆腐

三月

春を告げる白魚を使った椀種。白魚が玉子豆腐の上に来るよう、流し缶の底に白魚を並べ少量の卵液を流して蒸し固めてから残りの卵液を流すか、流し缶で玉子豆腐を作り蒸し上がる直前に白魚をのせて仕上げる。

作り方の解説 P.146

## 若竹

四月

季節の出会いの物を使ったお椀。春が旬の筍に薄味をつけて椀種にし、わかめに代えて、とろろ昆布を浮かべ、梅肉をのせた。出始めの頃の筍を使い、同様に梅肉をのせると「春寒(しゅんかん)仕立て」と呼ばれる3月頃のお椀となる。

作り方の解説 P.146

## 鯛潮汁

五月

潮汁は、主に桜鯛を使った一品で、春の印象が強いお椀。鯛のアラを使うが、118ページの「アラ炊き」の作り方でも紹介したように、鯛の目の部分は、目を中心にして四角く切ると、椀の中を美しく見せることができる。

作り方の解説 P.147

## 水無月眞丈

六月

6月は、水無月にちなんだ料理がよく出される。130ページの水無月豆腐や、水無月眞丈はその代表例。水無月眞丈は眞丈地に茹でた小豆を入れて蒸し上げ、三角に切って椀種にしたもの。

作り方の解説 P.147

## 鱧豆腐

七月

鱧は、京都の夏場を代表する椀種で、さまざまな趣向のお椀が登場する。ここでは一枚落としにした鱧を卵液に入れ、蒸して鱧豆腐にした。黄色い玉子豆腐の中で、鱧の白い身が映える。三度豆、管ごぼうと青柚子を添える。

作り方の解説 P.147

## 魚そうめん

八月

白身魚の眞丈地を小田巻き突きに入れて突き出し、そうめんに見立てた夏ならではの椀種。京都の夏は鱧がよく使われるので、鱧のお椀の一品として、写真のように鱧を使った贅沢な魚そうめんにすることもある。ここでは鱧の頬肉も添えた。

作り方の解説 P.148

## 萩眞丈

九月

作り方の解説 P.148

秋の紅葉シーズンを前にした9月中旬頃からは、京都は萩の季節。お椀でも萩眞丈が出される。眞丈地に小豆と銀杏を入れ、萩の葉と実に見立てる。9月は丹波の枝豆が出る時季なので、銀杏に代えて使う店もある。松茸と水菜のつまみ菜を添える。

## 松茸土瓶蒸し

十月

作り方の解説 P.148

脂ののった名残の鱧と丹波の松茸を合わせた土瓶蒸しは、お椀代わりで出すことの多い、秋を代表する献立。彩りで海老も盛り合わせる。すだちを添え、鱧のだしと松茸の香りの移っただしに絞り込んで味わう。

## ○豆腐

十一月

作り方の解説 P.149

「○」は「まる」と呼び、すっぽんのこと。甲羅の形から名づけられたといわれる。冬眠に入る冬場に登場する食材で、下処理したすっぽんを卵液と合わせ、料理名通り丸型に流して蒸す。焼いたねぎを添えるのが、○豆腐の基本。

## 粕汁

十二月

作り方の解説 P.149

京都は伏見という酒処を抱え、絞りたての酒粕が入手しやすい。冬に底冷えのする京都では、体を芯から温める粕汁は喜ばれるお椀となる。紅鮭を使った粕汁のほか、野菜だけの粕汁など、この時季はさまざまな粕汁が登場する。

# 毎月の寿司

その昔、料理屋では寿司は作らず、寿司屋では手の込んだ料理は作らないという棲み分けができていました。このため、料理屋や寿司屋は、お客様からの注文があったときは、それぞれに寿司や料理をお互いの店に注文して対処していました。しかしその時代から、1店で料理もご飯も寿司も作るのが、仕出し屋です。

特に折詰の注文では、寿司を入れてほしいという要望がよくあります。そうした場合には、生ものの寿司とちらしを組み合わせたり、という変化をつけたりします。

また会席料理やお弁当でも、寒い時季にはご飯を蒸し寿司にしたり、夏には鱧寿司や鯖寿司を組み入れたり、という献立にすることも多いものです。

そこで仕出し屋には、握り寿司や巻き寿司の技法だけでなく、その時季でよく食べられる寿司の知識と技術も必要となります。技術の奥行きに加え、こうした幅の広さも仕出し屋の仕事の特徴といえるのです。

## 蕪寿司

一月

蕪（かぶら）寿司といえば、蕪と寒鰤を麹漬けにした金沢の冬の郷土食が知られるが、京都の冬は蕪の千枚漬けが名物。その千枚漬け寿司飯を包んだ野菜寿司だ。優しい酸味と甘みで、口直し的な一品になる。

作り方の解説 P.149

## 稲荷寿司

二月

京の2月は伏見稲荷大社の初午の時季。稲荷にちなんで稲荷寿司を食べるのが、この時季の習わしとなっている。関西の稲荷寿司は、関東の俵型と異なり三角型。これは狐の耳の形を模したものともいわれる。

作り方の解説 P.150

## ちらし寿司

三月

作り方の解説 P.150

桃の節句の3月は、ちらし寿司が用いられる。細切りの錦糸玉子に酢で締めた魚介などをちらした華やかな寿司で、特に雛祭りの献立では、菱餅を模して菱型の器を使ったり、菱型に盛りつけたりするなど趣向を凝らす。

## 桜寿司

四月

作り方の解説 P.150

花見が盛んな4月は、桜の葉の塩漬けで包んだ桜寿司が人気。中の寿司は、この時季の桜鯛をのせたもの（写真下右）や、人参、椎茸、筍などちらしの具を混ぜ込んだ寿司（同下左）が多い。桜の葉の香りが春を誘う。

## 粽寿司

五月

端午の節句に食べる寿司といえば、粽寿司。笹の葉で巻いたその中は、写真手前のように酢で締めた鯖などの時季の魚を寿司飯にのせたもの。魚は、鱧や、酢締めの鱒、鮪をヅケにしたものを用いるところもある。

作り方の解説 P.151

## 鮎寿司

六月

梅雨が近づき鮎のシーズンとなると、仕出しの寿司には鮎を使った寿司も入れるようになる。鮎を使った寿司では保存食としての馴れ寿司も知られるが、京都では酢で締めて食べやすい形にして使うことが多い。

作り方の解説 P.151

## 鱧寿司

七月

夏の京都の寿司は、鱧寿司一色。特に7月一杯で行われる祇園祭りは、別名鱧祭りともいわれるほどで、この時季のご馳走として鱧寿司を食べる。骨切りをした鱧を、たれをつけながら焼き上げ、棒寿司にする。

作り方の解説 P.151

## かます寿司

八月

8月も下旬になると、かますが登場する。焼魚にすることが多いが、薄塩をあてて締め、小袖寿司にすることが多い。酒の前のちょっとした一品などにも出される。

作り方の解説 P.152

## ぐじ寿司

九月

若狭産の赤ぐじを、一塩をして酢で締め、棒寿司にしたものは、秋口と春先前後の寿司。ウロコの下にある白い皮は、弾力が強くて噛み切れないので、写真のように庖丁目を入れるか、皮目をさっと炙って出す。

作り方の解説 P.152

## 鯖寿司（雪見鯖寿司）

十月

鯖寿司は、秋から翌3月頃まで出されることが多い。身の厚い若狭産の鯖を使った寿司は京都名物。蕪の甘酢漬け（千枚漬け）があるときは、白板昆布の代わりにのせたりしており、店によって「雪見鯖寿司」とも呼ばれる。

作り方の解説 P.119 P.152

## ひらめ昆布寿司

十一月

寒さが厳しくなる時季はひらめのシーズン。ひらめを昆布締めにし、小袖寿司にする。ひらめの淡白なうま味が昆布のうま味と合わさり、ねっとりとした食感も楽しめる。

作り方の解説 P.153

## 蒸し寿司

十二月

湯気が上がったところを出す蒸し寿司は、冬場だけでなく、急に寒くなる晩秋や春先にも注文の多い寿司。通常は錦糸玉子を使うが（写真左）、太巻きの芯などに使うすり身を加えて焼いた「けら」を使ったものも人気。

作り方の解説 P.153 P.154

# 毎月のご飯

毎月のお椀（132ページ）のところでも触れましたように、会席料理は酒を楽しむのが主ですから、ご飯は料理で酒を楽しんでいただいだ後に、汁、香の物と共にお出しします。

シンプルに白ご飯のこともありますが、食事の最後まで季節の気分を楽しんでいただくためには、やはりその時々の味を炊き込んだご飯をお出ししたいもの。

旬の素材を使ったものや、その月にちなんで食べるものなど、京都は炊き込みご飯も多彩です。お客様のご注文や、調理条件が許される場合には、土鍋炊きにしたご飯をお出しし、取り分けたりするのもいいでしょう。季節に応じたご飯を酒の締めとしてお出しできるよう、常に準備しておきたいものです。

なお、お弁当の場合は、季節に合わせた物相方で抜いて盛りつけます。たくさん注文がある場合でも、同じ物相型で抜きますので、盛りつけに時間がかからず分量を統一できるという利点もあります。

## 小豆ご飯

一月

1月の小正月（15日）は小豆粥を食べる習慣がある。仕出しで粥は出せないので、その代わりに小豆ご飯とした。硬めに茹でた小豆を煮汁と共に研いだ米に入れて炊く。もち米の赤飯とは、また違った美味しさがある。

作り方の解説 P.154

## ほたての飯蒸

二月

冬本番の2月。寒さが募る時季には、湯気が立ち昇る飯蒸は目にも温かさを感じさせるご飯として喜ばれる。ほたて貝柱は干したものを水で戻して使う。通常は戻すだけで一週間かかるので、蒸して戻してもよい。

作り方の解説 P.154

## あさりご飯

三月

3月は桃の節句があり、貝の料理を作ることが多いもの。また3月は春直前であさりが美味しくなる時季なので、あさりご飯を楽しませる。あさりは酒蒸しにして殻から身を出し、酒蒸しにしたあさりのだしと共にご飯を炊き、炊き上がりに身を入れる。

作り方の解説 P.155

## 鯛ご飯

四月

鯛のシーズンとなる春の炊き込みご飯。骨から出るだしも利用するため、土鍋炊きでは鯛1尾を丸ごと炊き込むことがあるが、仕出しでは骨を外すサービスができないので、切り身にして焼いた鯛をご飯の炊き上がりにのせて馴染ませる。

作り方の解説 P.155

## 筍ご飯

五月

筍シーズンである3月～5月の期間中の京都で、欠かせないのが筍ご飯。下茹でをして薄味で炊いた京筍を研いだお米に入れ、だしと淡口醤油、塩などで調味して炊き上げる。筍の甘みを活かすために、調味料は控え目に加える。

作り方の解説 P.155

## 豆ご飯

六月

春を代表する炊き込みご飯。豆を色よく仕上げるために、塩茹でしたものをご飯の炊き上がりに加える。店によっては、豆の風味を強く出すために、豆を入れてご飯を炊き、炊き上がりに豆を除いて、別茹でした豆を合わせることもある。

作り方の解説 P.156

## 生姜ご飯

七月

梅雨が明けて暑い時季が始まる頃、出されるご飯。生姜の爽やかな香りと味覚が、食欲を高める。生姜は皮をむいてできるだけ細く切り、研いだ米と共に薄味で炊き上げる。写真のように、松の実を入れることもある。

作り方の解説 P.156

## とうもろこしご飯

八月

夏が旬のとうもろこしを炊き込んだご飯。自然な甘い香りと黄色の色合いも、夏を感じさせる。とうもろこしは、生のまま実の部分を庖丁で削り取り、研いだ米に加えて調味しただしで炊き上げる。

作り方の解説 P.156

## しめしご飯

九月

9月からは茸が旬を迎えるシーズン。香りの松茸に対し、味の良さで知られるしめじのご飯が、秋の気分を高める。しめじはさっと下茹でし、調味しただしで味を含ませたものを使う。だしと共に研いだ米に入れ、炊き上げる。

作り方の解説 P.156

## 松茸ご飯

十月

秋を代表する贅沢ご飯。松茸は薄くスライスしておき、ご飯に炊き込んでしまわず、薄味のだしで炊いたご飯の炊き上がりに加えて合わせる。こうすると風味が飛びにくく、またシャキシャキ感も残せる。

作り方の解説 P.157

## 栗ご飯

十一月

京都の秋を代表するもう一つの食材が栗。その栗を使った炊き込みご飯。栗はひと晩水に漬けておくと、鬼皮も中の薄皮もむきやすい。研いだ米と共に炊く。色よく仕上げるために、くちなしで前もって炊いた栗を使う店もある。

作り方の解説 P.157

## かやくご飯

十二月

かやくは「加薬」に由来し、関西の五目炊き込みご飯のこと。五目の具は、細かく刻んだ野菜、油揚げやこんにゃくなど。通年味わえるが、季節の素材を使ったかやくご飯もある。冬場は大根、ごぼうなどの根菜類を入れて炊く。

作り方の解説 P.157

# 旬の味と伝統的な献立十二ヵ月
# 材料・作り方の解説

## 毎月の一品料理

### 芋棒（126ページ）

【材料】

棒だら、海老芋、だし汁、酒、醤油、砂糖

【作り方の解説】

1. 棒だらを水で戻す。水は常温だとふやけやすく臭いが出るので、冷水を使い、毎日取り替えながら1週間かけて戻す。
2. 戻した棒だらは、食べやすい大きさに切って水に入れ、下茹でして水にさらす。
3. 海老芋は、皮を厚めにむき、米の研ぎ汁で下茹でして水にさらす。
4. だし汁に2と3と調味料を入れて火にかける。調味料が足りないときは、温めてから加える。
5. 煮えたら一度冷まし、再度温めてから器に盛る。

### 畑菜辛子和え（126ページ）

【材料】

畑菜、辛子、醤油、砂糖、胡麻

【作り方の解説】

1. 畑菜は、塩を入れて沸騰させた湯でさっと茹で、食べやすい長さに切る。
2. 湯で溶いた辛子と、醤油、砂糖を合わせ、1とすった胡麻を入れて和え、器に盛る。

### 赤貝のてっぱい（127ページ）

【材料】

赤貝、わけぎ、白味噌、辛子、砂糖、酢、紅たで

【作り方の解説】

1. 赤貝は殻を割って身を取り出し、水管とヒモを外す。身を切って中のワタを出す。ヒモや水管と共に塩もみし、水洗いして細切りにする。
2. わけぎは白い部分から湯に入れて塩茹でにし、水にとってザルにあげる。水けを絞って食べやすい長さに切る。
3. 辛子を湯で溶いてすり鉢に入れ、味噌と砂糖を加えてよくすり混ぜる。酢でのばし、1と2を入れて和える。
4. 器に盛りつけ、紅たでを添える。

# 筍木の芽和え（127ページ）

【材料】

筍、木の芽味噌（木の芽、白味噌、酒、みりん、砂糖、卵黄、青寄せ）、木の芽、だし汁、淡口醤油、塩、お好みで烏賊、独活

【作り方の解説】

1. 湯がいて下処理した筍の根に近い部分を7〜8ミリから1センチ角のさいの目切りとする。
2. 1の筍は、吸地加減のだし汁で炊いておく。
3. お好みで入れる烏賊は筍と同じ大きさに切り霜降りにしておく。独活は皮をむき、筍と同じ大きさに切って酢水であく止めし、筍とともに炊いておく。
4. 木の芽味噌を作る。白味噌に砂糖、酒、みりん、卵黄を加え湯煎でよく練り冷ましておく。木の芽は葉の部分だけをむしってすり鉢に入れ、よくすりつぶす。そこへ事前に練り上げた田楽味噌を入れ、青寄せを色を見ながら加えていき、よくすり合わせる。
5. 作った木の芽味噌で筍（烏賊、独活）を和え器に盛る。天盛りに木の芽を添える。

## 青寄せの作り方

1. ほうれん草の葉だけをむしり（葉脈もはずす）庖丁でたたいてみじん切りとする。
2. すり鉢でよくすり水を入れてざるなどでこし、青汁を取り出す。
3. 漉した青汁を鍋に入れ加熱する。
4. 真ん中に集まってきた葉緑素を取出し、キッチンペーパーなどで漉す。

# 枝豆豆腐（127ページ）

【材料】

枝豆、だし汁、塩、葛粉、酒、だし汁、淡口醤油、みりん、雲丹、芽ねぎ

【作り方の解説】

1. 枝豆は、塩茹でにし、さやと薄皮を取って裏漉しにかける。
2. だし汁に葛粉を入れて溶かし、一晩漬け、漉してから鍋に入れて火にかける。酒と塩を入れ、鍋底が焦げないよう、木杓子で絶えず鍋底をこすりながら練り上げる。
3. ある程度の粘りけが出たら1を入れ、仕上げに淡口醤油、みりんを加える
4. 流し缶に流し、冷し固める。固まったら、切って器に盛る。
5. だし汁、醤油、みりんで汁を作ってかけ、雲丹と芽ねぎを添える。

# 水無月豆腐（128ページ）

【材料】

昆布だし汁、長芋、寒天、小豆、醤油、みりん、生姜

【作り方の解説】

1. 小豆を炊く。小豆はさっと洗って一晩水に漬けておく。鍋に小豆を入れ、小豆が隠れるくらいの水を入れて弱火にかけ、皮がはじけないよう注意しながら炊き、水けをきっておく。
2. 水無月豆腐を作る。胡麻豆腐でも作れるが、ここでは長芋がベースの養老豆腐にて水無月豆腐を作る。寒天を水に浸けてふやかし、薄味をつけただし汁にて煮溶かす。
3. おろした長芋を2にすこしずつまぜあわせて、流し缶に流して冷す。表面が固まる直前に1の小豆をちらす。
4. 固まったら三角形に切り、器に盛る。昆布だし汁、醤油、みりんで作った旨だしをかけ、生姜をおろして添える。

## 鱧おとし（128ページ）

【材料】

鱧、きゅうり、わさび、梅肉、醤油

【作り方の解説】

1. 鱧はぬめりを取って腹開きし、内臓と骨を取り、頭を落として骨切りをしながら2～3センチ幅で切り落とす。
2. 沸騰した湯に塩を加え、1を皮目から落とし、身が白っぽくなったら氷水に入れて冷まし、取り出して水けを軽くきる。
3. 器に盛り、縒りきゅうりをのせ、わさびを添える。叩いた梅肉と醤油をそれぞれ別容器に入れて添える。

## 鮑そうめん（128ページ）

【材料】

あわび、葛粉、オクラ、麺つゆ（だし汁、醤油、みりん、葛粉）、塩、わさび、すだち

【作り方の解説】

1. あわびは塩研きをして殻から外し、肝を取って口の部分を切り取る。
2. あわびの身は端からかつらむきにし、さらに細長く切る。葛粉をつけてさっと茹でて水けをきる。1の肝は塩焼きにする。
3. 麺つゆを作る。鍋にだし汁を温め、醤油、みりんで調味し、葛粉を入れてとろみをつけて冷ます。
4. 器に2のあわびの身を入れ、3を注ぎ、塩研きして小口から切ったオクラをちらす。スライスしたすだちをのせる。
5. 2の肝の塩焼きは別容器に入れ、4と共に氷をしいた器にのせる。

## 蛸やわらか煮（129ページ）

【材料】

真蛸、蛸の煮汁（水、酒、生姜スライス、大根の輪切り、砂糖、醤油）、かぼちゃ、かぼちゃの煮汁（だし汁、みりん、砂糖、淡口醤油、塩）、小芋、小芋の煮汁（だし汁、みりん、砂糖、淡口醤油）、絹さや、絹さやの漬け地（だし汁、塩、みりん、淡口醤油）、湯葉、もみじ麩、湯葉ともみじ麩の煮汁（だし汁、みりん、淡口醤油）

【作り方の解説】

1. 蛸は塩もみしてよく洗い、すりこ木でよく叩く。
2. 沸騰した湯にくぐらせて冷水に落とし、砂糖と醤油を除いた煮汁に入れて火にかける。煮立ったら弱火にし、たこが柔らかくなったら砂糖と醤油を加えて味つけする。
3. かぼちゃは種を取って皮をむき、面取りしてさらす。煮汁で炊き、急冷して味を含ませる。
4. 小芋は厚めに皮をむき、米の研ぎ汁で下茹でしてさらし、煮汁で煮て冷ます。
5. 絹さやはすじを取り、塩茹でにして漬け地に浸す。湯葉ともみじ麩は、煮汁で煮る。
6. 2、3、4、5は、それぞれ温めて器に盛り合わせる。蛸の煮汁をかける。

## 鯛アラ炊き（129ページ）

118ページ参照

## 子持ち諸子　鞍馬煮（129ページ）

【材料】

子持ち諸子、煮汁（番茶、実山椒、酒、醤油、砂糖、水あめ）

【作り方の解説】

1. 諸子はさっと水洗いし、軽く焼き目がつく程度に両面を焼く。
2. 1を鍋に並べ、番茶、酒、実山椒を入れ、落し蓋をして弱火でコトコト炊く。煮汁が減ってきたらお湯を足しながら炊く。
3. 諸子が柔らかくなったら、醤油、酒、砂糖を加えてさらに炊き、味をつける。
4. 最後に水あめを入れ、少し炊いて完成。冷まして器に盛る。

## 茹で蟹（129ページ）

【材料】

松葉蟹、塩、二杯酢または三杯酢

【作り方の解説】

1. 蟹は水に浸けてタワシでよく洗う。
2. 沸騰した湯に塩を入れ、1の蟹を甲羅を下にして茹でる。茹で上がったらザルに上げる。
3. 茹でた蟹をさばく。甲羅を開けて外したら、味噌を取り出し、足を持って真ん中から半分に割り、足を庖丁で切り取る。足や爪は、身を取り出しやすいよう殻を庖丁でそぎ落とす。
4. 器に3を盛りつけ、二杯酢か三杯酢を添える。

# 毎月のお椀

## 蛤眞丈（130ページ）

【材料】

眞丈地（白身魚すり身、山芋、卵白、だし汁、浮き粉）、蛤、水、酒、塩、神馬草、大根、人参、黄柚子

【作り方の解説】

1. 眞丈地を作る。すり身をすり鉢に入れて混ぜ、すりおろした山芋、卵白を加えながらよくすり混ぜる。混ざったら、浮き粉を溶いただし汁を加えて固さを調整する。
2. 蛤は、殻の汚れをよく洗い、水に酒と昆布を加えた中に入れて火にかける。殻が開いたら取り出し、身を取る。殻は取っておく。汁は味を見て、塩けが足りない場合は塩を足す。
3. 大根と人参は、ともに細長い棒状に切り、塩茹でにする。しんなりしたら取り出し、千代結びにする。
4. 2の蛤の身は小さく切り、1の眞丈地に入れて混ぜ、殻に詰めて蒸す。
5. 蒸し上がったら取り出し、殻から眞丈を外して器に盛る。3と、さっと茹でた神馬草をのせ、2の汁を温めて張る。黄柚子をのせる。

## 蓮根餅（130ページ）

【材料】

蓮根、片栗粉、汁（だし汁、塩、淡口醤油、みりん、葛粉、大根おろし）、白髪ねぎ

【作り方の解説】

1. 蓮根は、皮をむいて酢水につけ、おろし金でおろす。
2. 片栗粉を入れて混ぜ、手にとって丸める。油で揚げ、熱湯をかけて油抜きする。
3. だし汁を温め、塩、淡口醤油、みりんで調味したら、葛粉を加えて混ぜ、水けを絞った大根おろしを入れて混ぜる。
4. 2をお椀に盛り、3を流す。白髪ねぎを添える。

## 白魚豆腐（131ページ）

【材料】

白魚、眞丈地（白身魚すり身、だし汁、山芋、卵黄、だし汁、浮き粉）、筍（下茹でしたもの）、煮汁（だし汁、淡口醤油）、人参、わらび、わらびの浸け汁（だし汁、淡口醤油、みりん）、吸地（だし汁、塩、淡口醤油、酒）、木の芽

【作り方の解説】

1. 眞丈地を作る。すり身をすり鉢に入れて混ぜ、すりおろした山芋、卵黄を加えながらよくすり混ぜる。混ざったら、浮き粉を溶いただし汁を加えて固さを調整する。
2. 流し缶に流して蒸す。表面が固まる寸前で白魚を並べ、蒸し上げる。
3. 筍は、縦にスライスして煮汁でさっと煮る。人参は、皮をむいてスライスし、塩茹でにする。
4. わらびは根に近い部分を切り落とし、灰アクを入れた湯で柔らかくなるまで茹でてさらし、醤油とみりんを加えただし汁に浸けておく。
5. 2は流し缶から外して1人前の大きさに切り、白魚を上にしてお椀に入れる。3と4を添え、熱くした吸地を張る。木の芽をのせる。

## 若竹（131ページ）

【材料】

筍（下茹でしたもの）、吸地（だし汁、塩、淡口醤油、酒）、とろろ昆布、梅肉、木の芽

【作り方の解説】

1. 下茹でをした筍は、2～3ミリ幅にへぐ。先端の柔らかい部分は縦に切る。
2. 1は吸い地で炊いて薄味をつけ、お椀に盛る。
3. とろろ昆布、叩いた梅肉をのせ、熱くした吸地を張る。木の芽を添える。

## 鯛潮汁（131ページ）

【材料】

鯛かぶと、塩、吸地（水、昆布、塩、酒、淡口醤油）、大根、だし汁、木の芽

【作り方の解説】

1. 大根は亀甲とし、厚めにそぎ、だし汁で下茹でしておく。鯛かぶとは梨割にし、片面を四つに切る。目の周りは、目を中心に四角になるように切り、軽く塩をしておく。
2. 鯛かぶとは沸騰した湯にくぐらせ、すぐに流水で冷す。汚れや血、残っていたウロコなどを洗い流す。
3. 鍋に昆布と水を入れ、2を入れて火にかける。沸騰直前に昆布を引き上げ、沸騰したら弱火にしてアクを取り、塩と酒、淡口醤油数的で調味する。1の大根を入れて温める。
4. 器に3の鯛と大根を盛り、汁を張る。木の芽を添える。

## 水無月眞丈（132ページ）

【材料】

眞丈地（白身魚すり身、山芋、卵白、だし汁、酒、塩又は塩水、浮き粉）、小豆、吸地（だし汁、塩、淡口醤油、酒）、白瓜、白瓜用の汁（だし汁、淡口醤油）

【作り方の解説】

1. 眞丈地を作る。すり身をすり鉢に入れてよく混ぜ、酒、卵白を加えながらよくすり混ぜ、さらに塩又は塩水とすりおろした山芋を加えてすり混ぜる。混ざったら、浮き粉を溶いただし汁を加えて固さを調整する。
2. 小豆はさっと洗って鍋に入れ、固めに炊く。
3. 2の小豆は陸上げし水分を飛ばして流し缶に敷き、その上に1の眞丈地を流して蒸す。
4. 白瓜は芯を抜き、小口から切ってさっと茹で、汁に浸す。
5. 3は流し缶から外し、小豆の面を上にして三角形に切り、器に盛る。4を添え、熱くした吸地を張る。

## 鱧豆腐（132ページ）

【材料】

玉子豆腐地（卵、だし汁、みりん、淡口醤油）、鱧一枚落とし、ごぼう、ごぼうの煮汁（だし汁、淡口醤油）、吸地（だし汁、塩、淡口醤油）、三度豆、青柚子

【作り方の解説】

1. 鱧豆腐を作る。玉子豆腐地を合わせてすいのうで漉し、5分の1程度残して流し缶に流し入れ、蒸し上げる。
2. 1に鱧一枚落としをちらし、残しておいた玉子豆腐地を入れ、再度蒸し上げる。
3. ごぼうは汚れを洗い、酢少々を加えた水に入れて柔らかく茹で、水にさらしてから芯を抜く。これを煮汁で炊いて味を含ませる。三度豆はさっと茹でる。
4. 2は流し缶から外して切り、3の管ごぼうと三度豆を添える。熱くした吸地を張り、青柚子をのせる。

## 魚そうめん（132ページ）

【材料】

眞丈地（鱧すり身、山芋、卵白、片栗粉、青寄せ）、昆布だし、鱧頬肉、吸地（だし汁、塩、淡口醤油）、青柚子

【作り方の解説】

1. 眞丈地を作る。すり身をすり鉢に入れて混ぜ、すりおろした山芋、卵白を加えながらよくすり混ぜる。混ざったら半分に分け、片方には青寄せを加えて混ぜる。
2. 1は別々の小田巻き突きに入れ、それぞれを沸騰させた昆布だしに突き出して火を通し、白と緑の魚そうめんを作る。鱧頬肉も昆布だしに入れて火を通す。
3. 2の白と緑の魚そうめん、鱧頬肉をお椀に盛り、熱くした吸地を張る。青柚子を添える。

## 萩眞丈（133ページ）

【材料】

眞丈地（白身魚すり身、山芋、卵白、だし汁、浮き粉）、小豆、銀杏、松茸、水菜つまみ菜、吸地（だし汁、塩、淡口醤油、酒）、青柚子

【作り方の解説】

1. 眞丈地を作る。すり身をすり鉢に入れて混ぜ、すりおろした山芋、卵白を加えながらよくすり混ぜる。混ざったら、浮き粉を溶いただし汁を加えて固さを調整する。
2. 小豆はさっと洗って鍋に入れ、隠れるくらいの水を入れて固めに炊く。
3. 銀杏は鬼殻を割って茹で、薄皮をむく。
4. 1に2と3を加えて混ぜ、流し缶に流し、蒸す。
5. 吸い地を温め、食べ良く切った4と松茸を入れて温め、器に盛る。
6. さっと茹でた水菜つまみ菜を入れ、青柚子を添える。

## 松茸土瓶蒸し（133ページ）

【材料】

松茸、鱧、海老、吸地（だし汁、塩、淡口醤油、酒）、すだち

【作り方の解説】

1. 鱧はぬめりを取って腹開きし、内臓と骨を取り、頭を落として骨切りをしながら2～3センチ幅で切り落とす。
2. 沸騰した湯に塩を加え、1を皮目から落とし、身が白っぽくなったら氷水に入れて冷まし、取り出して水けを軽く絞る。
3. 松茸は、石づきを庖丁で削り取り、固く絞った布巾で汚れを拭き取る。食べやすい大きさに切る。
4. 海老は沸騰した湯でさっと茹でる。
5. 吸地を作って温め、土瓶に入れる。2、3、4を入れて蒸す。
6. 蒸し上がったら土瓶に蓋をし、すだちを添える。

## ○豆腐（133ページ）

【材料】

すっぽん、酒、卵、だし汁、塩、淡口醤油、白ねぎ、平茸

【作り方の解説】

1．下処理をしたすっぽんを湯通しし、薄皮をはぐ。

2．水と酒を1対1の割合で合わせ、1のすっぽんを炊く。

3．アクを取りながら30分ほど炊いたら、すっぽんを取り出す。

4．3のすっぽんは骨を取り除き、細かく刻む。

5．卵をだし汁を合わせた卵液を作る。

6．丸型に4を入れ、上から5を流し込み、弱火で5～6分蒸す。

7．椀に型からはずした6と焼ねぎ、湯がいた平茸等を盛る。

8．3のすっぽん地を塩と淡口醤油で味を調え、7の椀に張る。

## 粕汁（133ページ）

【材料】

酒粕、だし汁、淡口醤油、大根、人参、こんにゃく、薄揚げ、紅鮭、芹

【作り方の解説】

1．大根、人参、こんにゃくは短冊に切り、下茹でしておく。薄揚げは火取ってから粗いせん切りにする。

2．酒粕をすり鉢に取り、温めただし汁で延ばして行く。

3．2を鍋に移し、1も鍋に入れ火にかけて淡口醤油で味を調える。

4．薄塩の紅鮭を用意してよい大きさに切り、茹でてお椀に盛る。

5．4のお椀に熱い3を張り、芹の小口切りをのせる。

# 毎月の寿司

## 蕪寿司（134ページ）

【材料】

蕪、塩、昆布、合わせ酢、唐辛子、寿司飯、生姜甘酢漬け

【作り方の解説】

1．蕪は皮を厚めにむき、薄く輪切りにし、塩水に入れ、重石をして漬け込む。

2．1はしんなりしたらザルにあげて水けをきり、容器に並べる。昆布、輪切りにした唐辛子を入れ、合わせ酢を注ぎ、重石をして漬け込む。

3．2が漬かったら取り出し、水けを拭き、握った寿司飯にのせて握り寿司にする。昆布を細く切って巻く。

4．器に盛り、生姜甘酢漬けを添える。

## 稲荷寿司（134ページ）

【材料】

薄揚げ、煮汁（だし汁、醤油、砂糖、塩）、寿司飯、生姜甘酢漬け、桜塩漬け

【作り方の解説】

1. 薄揚げは、沸騰した湯で炊いて油抜きをする。
2. ザルにあげて水けをきり、三角になるよう対角線に切って、破かないように切り口から中を開ける。
3. 煮汁の材料を鍋で合わせて煮立て、2を入れ、落とし蓋をして汁けがなくなるまで炊き、ザルにあげる。
4. 汁けを絞り、丸めた寿司飯を入れて軽く締める。
5. 器に盛り、生姜甘酢漬けと桜塩漬けを添える。

## ちらし寿司（135ページ）

【材料】

卵、浮き粉、塩、海老、穴子、穴子の調味液（酒、醤油、砂糖、みりん）、わらび、わらびの浸け汁（だし汁、淡口醤油、みりん）、花びら麩、寿司飯、桜でんぶ、木の芽、生姜甘酢漬け

【作り方の解説】

1. 錦糸玉子を作る。卵をボールに割り入れ、水少々と浮き粉を入れてほぐす。油を薄くしいた鍋に少量を入れ、薄く広げて焼き、取り出して冷ます。1枚を4等分して重ね、端から細く切る。
2. 海老を仕込む。海老は殻と身の間に串を打ち、塩茹でにする。茹で上がったら取り出して水に落とし、冷めたら頭と殻を取る。
3. 煮穴子を作る。穴子はおろしたものを水と酒を合わせた中で下煮して冷ます。調味液を合わせ、下煮した穴子を入れて味を含ませ、冷ます。
4. わらびは根に近い部分を切り、灰アクを入れた湯で柔らかくなるまで茹でてさらし、醤油とみりんを加えただし汁に浸けておく。
5. 寿司飯をひし形に型どり、上面に桜でんぶをのせ、1をちらす。2、3、4と花びら麩を飾り、器に盛りつけて生姜甘酢漬けを添える。

## 桜寿司（135ページ）

【材料】

鯛、塩、椎茸、人参、筍（下茹でしたもの）、煮汁（だし汁、淡口醤油、みりん、砂糖）、寿司飯、桜の葉の塩漬け

【作り方の解説】

1. 桜の葉の塩漬けは、水に浸けて塩抜きをし、軽く絞っておく。
2. 椎茸は水に浸けて戻し、軽く絞って石づきを取り、細かく刻んで煮汁で水分がなくなるまで炊いておく。
3. 人参と筍は細かく切り、煮汁に入れ、水分がなくなるまで炊いておく。
4. 寿司飯に2と3を入れて混ぜ、小さな四角に握って1で包む。
5. 鯛は三枚におろし、塩をして水けを拭き取り、そぎ切りにしておく。
6. 少な目に寿司飯を取って5をのせ、握り寿司を作り、1を巻く。
7. 器に4と5を積み重ねるように盛りつける。

## 粽寿司 （136ページ）

【材料】

鯖、塩、合わせ酢、寿司飯

【作り方の解説】

1. 鯖は三枚におろし、塩をしてしばらく置く。
2. 塩を洗い流し、合わせ酢に浸ける。
3. 酢から取り出し、薄皮をひいて、そぎ造りにする。
4. 寿司飯を取って3をのせ、握り寿司を作る。
5. 洗った笹の葉にのせて包み、水で柔らかくしたいぐさで粽の形に巻く。

## 鮎寿司 （136ページ）

【材料】

鮎、塩、酢、寿司飯

【作り方の解説】

1. 鮎はウロコをひいて頭を落とし、水洗いして三枚にし、胸びれと腹骨を取り除き、塩をしてしばらく置く。
2. 塩を洗い流し、酢に浸ける。
3. 水けを拭いた鮎の身の厚い部分をそぎ取り、尾の部分の足し身とし、布巾の上に鮎を置く。寿司飯をこねて棒状にし、鮎の上に置き、布巾で包み、巻き簾で巻いて固く締める。
4. 食べやすい大きさに切って器に盛る。

## 鱧寿司 （136ページ）

【材料】

鱧、たれ（醤油、みりん、砂糖）、寿司飯、はじかみ、生姜甘酢漬け

【作り方の解説】

1. 鱧は腹から開いて三枚におろし、骨切りをする。
2. 串を打って焼き台で焼く。表面が薄く色づいたら、たれを回しかけてさらに焼く。表面が乾いたらたれをかける作業を2〜3回行い、裏返して皮目にもたれをかけて香ばしく焼いたら、火からおろして串を抜いて冷ます。
3. 寿司飯をこねて棒状にし、皮目を上にした2にのせ、布巾で取って包み、巻き簾で巻いて締める。
4. 鱧の方にたれを煮詰めたものをハケでぬり、食べやすい大きさに切る。
5. 器に盛り、はじかみ、生姜甘酢漬けを添える。

## かます寿司（136ページ）

【材料】

かます、塩、酢、寿司飯

【作り方の解説】

1. かますはウロコをひいて水洗いし、腹骨をとり、血合い骨を抜き取り、塩をしてしばらく置く。
2. 塩を洗い流し、酢に浸ける。
3. 寿司飯をこねて棒状にし、水けを拭いたかますの上に置き、布巾で包み、巻き簾で巻いて固く締める。
4. 食べやすく切って器に盛る。

## ぐじ寿司（137ページ）

【材料】

ぐじ、塩、合わせ酢、寿司飯、酢取り茗荷、生姜甘酢漬け

【作り方の解説】

1. ぐじは背開きにして身に塩をし、背を下にしてひと晩置く。
2. 翌日、頭を落として三枚におろし、ウロコのついた皮をひく。下の白い皮は残す。合わせ酢に浸ける。
3. 水けを拭いた2を布巾の上に皮目を下にしてのせ、その上にこねて棒状にした寿司飯をのせて包む。巻き簾で巻き、固く締める。
4. 皮目に鹿の子に庖丁目を入れ、食べやすい大きさに切る。
5. 器に盛り、酢取り茗荷、生姜甘酢漬けを添える。

## 鯖寿司（137ページ）

119ページ参照

## 雪見鯖寿司（137ページ）

【材料】

鯖、塩、合わせ酢、寿司飯、蕪千枚漬け、生姜甘酢漬け

【作り方の解説】

1. 鯖は頭を落として三枚におろし、両側にたっぷりの塩をして一晩置く。
2. 翌日塩を洗い流し、合わせ酢に浸ける。
3. 漬け終えた鯖は、水けを拭いて表面の薄皮をはぎ、足し身にする身をへぐ。
4. 3を布巾の上に皮目を下にしてのせ、足し身をして形を整え、その上にこねて棒状にした寿司飯をのせて布巾で包み、巻き簾で巻いてしっかりと締める。
5. 蕪千枚漬けは、周りを切って四角くする。
6. 4は鯖に鹿の子に庖丁目を入れ、5をのせる。
7. 食べやすい大きさに切り分け、器に盛り、生姜甘酢漬けを添える。

# ひらめ昆布寿司（137ページ）

【材料】

ひらめ、塩、昆布、寿司飯、木の芽

【作り方の解説】

1. ひらめは5枚におろし、皮を引き、薄く塩を当ててしばらく置く。
2. 昆布は、酒をふって固く絞った布巾で片面を拭く。2枚用意する。
3. ひらめはそぎ造りにし、2の昆布の布巾で拭いた面にすき間なくのせる。
4. もう一枚の昆布は、布巾で拭いた面を下にして3にのせ、重石をして置く。
5. ひらめに昆布のうま味が染みたら取り出し、布巾に並べ木の芽の葉だけをのせる。棒状にこねた寿司飯をのせて布巾で締め、さらに巻き簾で巻いて締め、良い大きさに切り分ける。

# 蒸し寿司［錦糸玉子を使ったもの］（137ページ）

【材料】

卵、塩、海老、穴子、穴子の調味液（酒、醤油、砂糖、みりん）、木耳、生麩、生麩の調味駅（だし汁、砂糖、淡口醤油、みりん）、寿司飯、中具（かんぴょう、干し椎茸）、中具の調味液（椎茸の戻し汁、砂糖、醤油、みりん）、黄柚子

【作り方の解説】

1. 錦糸玉子を作る。卵をボールに割り入れ、塩少々で下味をつけ、ときほぐす。油を薄くひいた鍋に少量を入れ、薄く広げて焼き、取り出して冷ます。1枚を3～4等分（5センチ幅）して重ね、端から細く切る。
2. 海老を仕込む。海老は殻と身の間にのし串を打ち、塩茹でにする。茹で上がったら取り出して水に落とし、冷めたら頭と殻を取り、腹側から開いておく。
3. 煮穴子を作る。穴子は開いてヒレ、腹骨を取り、霜降りするなどしてぬめりを取っておく。下処理した穴子を水と酒を合わせた中で下煮し、そこへ調味液を入れて落し蓋をして炊き味を含ませる。炊けたら丘上げし冷ます。
4. 木耳は水で戻し、細切りにしておく。
5. 中具を炊く。かんぴょうは塩もみし、ひと晩水に漬けて戻したら、水にさらし下茹でする。茹で上がったらさらにさらし、水きりをしておく。干し椎茸は水で戻し水煮しておく。下処理したかんぴょうと椎茸をミンチにかけ、調味液で汁けがなくなるまで炊き上げる。
6. 紅葉麩や梅麩などの季節の生麩は5ミリ幅の薄切りにし、調味液で事前に炊いておく。
7. 蒸し寿司を作る。寿司飯に中具を混ぜ、器に入れる。その上に錦糸玉子、木耳、穴子、麩をのせ蒸し器で強火で20分ほど蒸す。海老は一緒に蒸すと縮んでしまうため、余熱で温める。
8. 蒸し上がったら、海老、柚子をのせ器に蓋をする。

## 蒸し寿司「けらを使ったもの」（137ページ）

【材料】

けら（卵黄、白身魚すり身、塩、砂糖、みりん、醤油、浮き粉）、海老・煮穴子・椎茸煮・かんぴょう（蒸し寿司［錦糸玉子を使ったもの］参照）、生麩、寿司飯、白ご飯、黄柚子

【作り方の解説】

1. けらを作る。白身魚のすり身をすり鉢に入れ、塩を加えて粘りが出るまでよくすったら、水で溶いた浮き粉、調味料、卵黄を加えながらすり混ぜる。
2. 玉子焼き器に油をしき、1を流し入れ、ガス台と天火を使いながら両面を焼く。焼き上がったら板に取り、冷まして5センチ幅の薄切りにする。
3. 蒸し寿司を作る。寿司飯に中具を混ぜ、器に入れる。その上にけら、木耳、穴子、麩をのせ蒸し器で強火で20分ほど蒸す。海老は一緒に蒸すと縮んでしまうため、余熱で温める。
4. 蒸し上がったら、海老、柚子をのせ器に蓋をする。

# 毎月のご飯

## 小豆ご飯（138ページ）

【材料】

米、小豆、塩、三つ葉

【作り方の解説】

1. 米は、たっぷりの水でさっと洗ってから研ぎ、ザルにあげておく。
2. 小豆はさっと洗って鍋に入れ、隠れるくらいの水を入れて炊く。
3. 硬めに炊いたら、茹で汁と分ける。茹で汁は取っておく。
4. 別鍋に1を入れ、3の小豆と茹で汁を加える。水分が足りないときは水を足す。
5. 塩を入れて軽く混ぜ、炊く。
6. 炊き上がったら蒸らし、よくほぐす。
7. 器に盛り、さっと茹でた三つ葉を添える。

## ほたての飯蒸（138ページ）

【材料】

もち米、ほたて貝柱（干したもの）、淡口醤油

【作り方の解説】

1. もち米は、たっぷりの水でさっと洗ってから研ぎ、水に浸けておく。
2. ほたて貝柱は、水を張った鍋に入れ、蒸し器で柔らかくなるまで蒸す。
3. 蒸し終えたら貝柱を取り出し、蒸した汁には淡口醤油で味を付ける。
4. 蒸篭にさらしを敷き、その上に1のもち米をのせて蒸す。途中で何回か3の煮汁をふりかけながら、強火で蒸す。蒸し上がりに3の貝柱を少量を残してほぐし入れ、もち米に混ぜ込む。
5. 器に盛り、4で残しておいた貝柱を上にのせる。

## あさりご飯（138ページ）

【材料】
米、あさり、酒、だし汁、醤油、みりん、木の芽

【作り方の解説】
1. 米は、たっぷりの水でさっと洗ってから研ぎ、ザルにあげておく。
2. あさりは殻の汚れを洗って鍋に入れ、酒を加えて火にかけ、酒蒸しにする。
3. 殻が開いたら火から下ろし、あさりの身を殻から出し、鍋の汁に浸けておく。
4. 別鍋に1を入れ、3の汁とだし汁、醤油、みりんを加える。軽く混ぜて炊く。
5. 炊き上がり直前に4で残しておいたあさりの身を入れ、蓋をする。
6. 炊き上がったら蒸らし、よくほぐす。
7. 器に盛り、木の芽を添える。

## 鯛ご飯（139ページ）

【材料】
米、鯛（切り身）、塩、だし汁、淡口醤油、酒、みりん、木の芽、三つ葉

【作り方の解説】
1. 米は、たっぷりの水でさっと洗ってから研ぎ、ザルにあげておく。
2. 鯛は軽く塩をしてしばらく置く。浮いてきた水けを拭き取り、塩をして焼き台でこんがりと焼く。
3. 土鍋に1を入れ、だし汁、淡口醤油、酒、みりんを加え、軽く混ぜて炊く。
4. 炊き上がり直前に2を入れ、蓋をする。
5. 炊き上がったら、さっと茹でて切り揃えた三つ葉をのせ、木の芽を飾る。

## 筍ご飯（139ページ）

【材料】
米、筍（下茹でしたもの）、薄揚げ、だし汁、淡口醤油、酒、木の芽

【作り方の解説】
1. 米は水でさっと洗ってから研ぎ、ザルにあげておく。
2. 筍はスライスして食べやすい大きさに刻む。
3. 薄揚げは5センチ幅の細切りにし、熱湯をかけて油抜きしておく。
4. 鍋に1、2、3を入れ、だし汁に薄口醤油、酒を加え味を調え炊く。
5. 炊き上がったら蒸らし、よくほぐす。
6. 器に盛り、木の芽を添える。

## 豆ご飯（139ページ）

【材料】

米、グリンピース、みりん、酒、塩

【作り方の解説】

1. 米は、たっぷりの水でさっと洗ってから研ぎ、ザルにあげておく。
2. 鍋に1と、さやから出したグリンピースを入れ、みりん、酒、塩を加え、軽く混ぜて炊く。
3. 炊き上がったら蒸らし、ほぐして器に盛る。

## 生姜ご飯（140ページ）

【材料】

米、生姜、松の実、だし汁、淡口醤油、酒、塩

【作り方の解説】

1. 米は、たっぷりの水でさっと洗ってから研ぎ、ザルにあげておく。
2. 生姜は、皮をむいてスライスし、細めのせん切りにする。
3. 鍋に1と松の実を入れ、だし汁、醤油、酒、塩を加える。2を少量を残して入れ、軽く混ぜて炊く。
4. 炊き上がったら蒸らし、よくほぐす。
5. 器に盛り、3で残しておいたせん切りの生姜を添える。

## とうもろこしご飯（140ページ）

【材料】

米、とうもろこし、だし汁、酒、塩

【作り方の解説】

1. 米は、たっぷりの水でさっと洗ってから研ぎ、ザルにあげておく。
2. とうもろこしは、実の部分を庖丁で削り取る。
3. 鍋に1と2を入れ、酒と塩を加えて炊く。
4. 炊き上がったらむらし、よくほぐす。器に盛る。

## しめじご飯（140ページ）

【材料】

米、しめじ、だし汁、淡口醤油、酒、みりん

【作り方の解説】

1. 米は、たっぷりの水でさっと洗ってから研ぎ、ザルにあげておく。
2. しめじは、石づきを切り取って小房にほぐす。さっと下茹でし、淡口醤油、酒、みりんを合わせただし汁に浸ける。
3. 鍋に1を入れ、だし汁を注ぎ、淡口醤油、酒、みりんを加える。水けをきった2を入れ、軽く混ぜて炊く。
4. 炊き上がったら、蒸らしてからよくほぐし、器に盛る。

## 松茸ご飯（141ページ）

【材料】

米、松茸、だし汁、淡口醤油、酒

【作り方の解説】

1. 米は、たっぷりの水でさっと洗ってから研ぎ、ザルにあげておく。
2. 松茸は、石づきを庖丁で削り取り、固く絞った布巾で汚れを拭き取る。横半分に切り、縦に薄くスライスする。
3. 鍋に1を入れ、だし汁と醤油、酒を加え、軽く混ぜて炊く。
4. 炊き上がる直前で2を入れ、蓋をする。
5. 炊き上がったらそのまま蒸らす。ほぐして器に盛る。

## 栗ご飯（141ページ）

【材料】

米、栗、だし汁、塩

【作り方の解説】

1. 栗は鬼皮つきのまま、ひと晩水に漬けておく。
2. 翌日取り出し、鬼皮と渋皮をむいて水にさらす。半分に切り、沸騰した湯でさっと煮て、ザルにあげる。
3. 米は、たっぷりの水でさっと洗ってから研ぎ、ザルにあげておく。
4. 鍋に3、2を入れ、だし汁を注ぎ、塩を加えて炊く。
5. 炊き上がったら、蒸らして栗を崩さないようにほぐし、器に盛る。

## かやくご飯（141ページ）

【材料】

米、人参、ごぼう、大根、薄揚げ、こんにゃく、だし汁、淡口醤油、酒、みりん、三つ葉

【作り方の解説】

1. 米は、たっぷりの水でさっと洗ってから研ぎ、ザルにあげておく。
2. 野菜を用意する。人参は皮をむいて輪切りにし、細かく刻む。ごぼうは泥を落として小さめのささがきにし、水に放つ。大根は輪切りにして細かく刻む。
3. 野菜以外の具を用意する。薄揚げは沸騰した湯をかけて油抜きし、細かく刻む。こんにゃくはさっと茹でて水に落とし、薄く切って細かく刻む。
4. 鍋に1、2、3を入れ、だし汁を加え、醤油、酒、みりんで調味し、軽く混ぜて炊く。
5. 炊き上がったら、蒸らしてよくほぐし、器に盛り、さっと茹でて刻んだ三つ葉を飾る。

# 京都魚菜鮓商協同組合　組合員

『うを石』京都市北区紫竹西野山東町14／075－492－3537
『さいき家』京都市北区紫野上門前町76／075－492－1652
『さくら井』京都市北区上賀茂山本町39／075－781－2570
『婦久佐』京都市北区大宮北椿原町33／075－491－7923
『花ふさ』京都市北区紫野西御所田町33－2／075－492－3511
『魚徳』京都市北区小山下初音町41／075－492－6571
『魚新』京都市北区紫野下若草町22／075－491－6998
『糸源』京都市上京区一条通七本松西入ル滝ヶ鼻町429／075－461－5544
『花源』京都市上京区出町通桝形上ル青龍町209／075－231－4618
『近江屋』京都市上京区河原町通荒神口下ル上生洲町214／075－231－4941
『正家』京都市左京区山端柳ヶ坪町89／075－791－6916
『銀福』京都市左京区浄土寺石橋町65／075－771－5770
『若清』京都市左京区下鴨宮崎町31／075－781－1247
『佐野家』京都市左京区高野西開町32／075－781－3996
『寺岡家』京都市左京区一乗寺堀ノ内町3／075－781－5064
『うを幸』京都市左京区下鴨下川原町62／075－781－1512
『山秀』京都市左京区聖護院東町15／075－761－7381
『井傳』京都市中京区錦小路通西洞院東入ル／075－221－4420
『堺萬』京都市中京区二条通室町西入ル大恩寺町248－2／075－231－3758
『近辰』京都市中京区姉小路通西洞院東入ル姉西洞院町547／075－221－2301
『魚常』京都市中京区竹屋町通室町東入ル亀屋町143／075－231－1421
『近定』京都市中京区夷川通油小路東入ル／075－231－2631
『まつ茂』京都市中京区押小路通柳馬場東入ル虎石町40／075－231－1304
『二傳』京都市中京区姉小路通堀川東入ル鍛冶町142／075－221－3908
『川松』京都市中京区三条通猪熊西入ル御供町311／075－841－2415
『上幸』京都市中京区大宮通錦小路上ル西坊大宮町162－2／075－821－3872
『松正』亀岡市篠町篠上北裏91－1／0771－24－0567
『三福』京都市中京区仏光寺通御前西入下ル東檜町12／075－331－4473
『魚芳』京都市中京区御前通三条下ル／075－841－3314
『井政』京都市下京区七条通御前西入ル／075－313－2394
『満る安』京都市下京区中堂寺前田町3／075－351－6879
『矢尾治』京都市下京区高辻堀川町358／075－841－2144
『坂安』京都市下京区七条通大宮東入ル大工町124／075－371－8219
『魚晴』京都市下京区西七条北東野町19／075－313－5364
『乙文』京都市下京区花屋町通壬生川西入ル薬園町158／075－351－2792
『魚直』京都市下京区醒ヶ井通仏光寺下ル荒神町454／075－351－7482
『すま家』京都市下京区東洞院通綾小路下ル扇酒屋町28／075－351－4598
『泉仙』京都市下京区東洞院通五条下ル和泉町531／075－341－4201
『若新』京都市下京区七条御所ノ内本町61／075－312－2428
『うを藤』京都市下京区西洞院通五条上ル八幡町531／075－351－1127
『六乃家』京都市下京区木屋町通仏光寺上ル天王町146／075－361－0966
『魚一』京都市南区西九条大国町32／075－691－4613
『岡庄』京都市南区唐橋西寺町36／075－691－2345
『魚万』京都市南区／西九条針小路町4－5／075－691－6061
『松善』京都市南区久世殿城町15／075－922－5270
『魚年』京都市南区唐橋羅城門町55／075－691－2975
『魚新』京都市右京区梅津北浦町11－1／075－861－1265
『魚初』京都市右京区梅津南町10－2／075－861－0259
『魚菊』京都市右京区山ノ内中畑町56／075－312－3622
『きんよね』京都市右京区西院三蔵町20－9／075－311－1895
『矢尾定』京都市右京区山ノ内荒木町7－38／075－882－2385
『わた亀』京都市右京区西院巽町2／075－313－1393
『ひし伊』京都市右京区太秦桂ヶ原町1／075－872－5151
『濱登久』京都市右京区花園伊町31／075－463－7369
『魚美』京都市西京区上桂東居町45／075－381－2627
『とりよね』京都市西京区嵐山朝月町66／075－872－7711
『丸中』京都市西京区樫原江ノ本町11－3／075－381－2717
『魚三』京都市西京区大原野南春日町685／075－331－0028

『ぶへい』京都市西京区大原野南春日町１１７５－１／０７５－３３１－２２４８
『や満六』京都市西京区山田出口町29／０７５－３８１－２０６１
『矢尾卯』向日市向日町北山３／０７５－９２１－９２１９
『魚三楼』京都市伏見区京町３－１８７／０７５－６０１－００６１
『甚平』京都市伏見区桃山井伊掃部西町26－２／０７５－６０１－７５０９
『うを竹』京都市伏見区新町４－４７４／０７５－６１１－２６５４
『魚藤』京都市伏見区直違橋４－３６３／０７５－６４１－２０８６
『鳥羽弥』京都市伏見区深草北新町／０７５－６４１－３４２３
『二口屋』京都市伏見区竹田内畑町２４０／０７５－６４１－０７７９
『仲鶴』京都市伏見区深草直違橋11－１３３／０７５－６４１－１６２１
『うを弥』京都市伏見区伯耆町１－２合地／０７５－６０１－０７６７
『魚房』京都市伏見区村上町３７４／０７５－６０１－３１８９
『玉家』京都市伏見区深草稲荷御前町73／０７５－６４１－０１０３
『魚治』京都市伏見区深草直違橋９－２０４／０７５－６４１－１１７７
『みかみ』京都市伏見区西桝屋町１０４６／０７５－６４１－６１８６
『うを友』京都市伏見区墨染町７１１／０７５－６４１－０５２７
『魚嘉』京都市伏見区東浜南町６７９／０７５－６０１－１８４８
『山藤』京都市伏見区墨染町７４１／０７５－６４１－１６８７
『ショッパー水谷』京都市伏見区淀本町１７３／０７５－６３１－２７８６

## 京都魚菜鮓商協同組合　青年会

『うを石』京都市北区紫竹西野山東町14／０７５－４９２－３５３７
『さいき家』京都市北区紫野上門前町76／０７５－４９２－１６５２
『婦久佐』京都市北区大宮北椿原町33／０７５－４９１－７９２３
『さくら井』京都市北区紫竹上賀茂山本町39／０７５－７８１－２５７０
『銀福』京都市左京区浄土寺石橋町65／０７５－７７１－５７７０
『山秀』京都市左京区聖護院東町15／０７５－７６１－７３８１
『堺萬』京都市中京区二条通室町西入ル／０７５－２３１－３７５８

『近辰』京都市中京区姉小路通西洞院東入ル姉西洞院町５４７／０７５－２２１－５８１５
『井傳』京都市中京区錦小路通西洞院東入ル／０７５－２２１－４４２０
『松正』亀岡市篠町篠上北裏91－１／０７７１－２４－０５６７
『とりよね』京都市西京区嵐山朝月町66／０７５－８７２－７７１１
『井政』京都市下京区七条通御前西入ル／０７５－３１３－２３９４
『矢尾治』京都市下京区堀川通高辻下ル／０７５－８４１－２１４４
『若新』京都市下京区西大路八条西入ル／０７５－３１２－２４２８
『松善』京都市南区久世殿城町15／０７５－９２２－５２７０
『岡庄』京都市南区唐橋西寺町36／０７５－６９１－２３４５
『魚万』京都市南区西九条針小路４－５／０７５－６９１－６０６１
『魚新』京都市右京区梅津北浦町11－１／０７５－８６１－１２６５
『矢尾卯』向日市向日町北山３／０７５－９２１－９２１９
『甚平』京都市伏見区桃山井伊掃部西町26－２／０７５－６０１－７５０９
『うを竹』京都市伏見区新町４－４７４／０７５－６１１－２６５４
『魚藤』京都市伏見区深草直違橋４－３６３／０７５－６４１－２０８６
『魚友』京都市伏見区墨染町７１１／０７５－６４１－０５２７

## 準会員

『鶴清』京都市下京区木屋町五条上ル下材木町４５１／０７５－３５１－８５１８
『豆禅』京都市左京区下鴨東高木町13－４／０７５－７０３－５７３１
『沖よし』京都市東山区東瓦町６７７／０７５－５６１－１７８５
『うお寿』長岡京市今里２－17－８／０７５－９５１－０３２５

『京都魚菜鮓商協同組合　事務局』
住所　京都市下京区朱雀分木町私有地
電話　０７５－３１１－６０５８
HP　http://www.kyoryori.com/

# 京料理
# 「仕出し」教本

発行日　平成 24 年 3 月 27 日初版発行

著　者　京都魚菜鮓商協同組合（きょうとぎょさいすししょうきょうどうくみあい）
発行者　早嶋　茂
制作者　永瀬　正人

発行所　株式会社旭屋出版
〒 107-0052
東京都港区赤坂 1-7-19　キャピタル赤坂ビル 8 階
郵便振替　00150-1-19572

販売部 TEL 03(3560)9065
FAX 03(3560)9071
編集部 TEL 03(3560)9066
FAX 03(3560)9073

旭屋出版ホームページ　http://www.asahiya-jp.com/

印刷・製本　凸版印刷株式会社


ISBN978-4-7511-0966-3

【取材協力】
株式会社 半兵衛麸
伊賀鉄商店
有限会社 越喜商店

【写真協力】
『わた亀』（カバー、17 ページ）
「お辨當箱博物館」（22 ページ、35 ページ）
山下幸男氏（32 ～ 33 ページ）
伏見稲荷大社（60 ページ）
有限会社 丸寛水産（123 ページ）